はじめに

経営書から学んだ経営

●経営書というジャンルは、なくなるかもしれない

どうも最近そう思うんですね。

「何故か？」は単純です。

ネット検索で経営課題の多くは解決しますものね。

ですから、グーグルやヤフーで検索できないことを書かないと、経営書の価値がありません。

単なる知識を提供するだけの経営書は、ネットに負けてしまいます。

自分でも毎年経営書（経営ノート）を書いていますが、書きながら陳腐だなーと思います。

でも、経営書からは、正直学びました。

私も経営者のはしくれです。その私の経営の大半は、経営書から学びました。

今でも、ハッとする一行に出会った時、つくづく本は安いと思います。

●会計事務所のマネジメントの大半は本から学ぶ

私は会計事務所のマネジメントの多くを、本から学びました。

人間には得意な事、不得意な事があります。

私は性格的にシャイですので、人の集まるところへドンドン入っていくことが、どちらかと言いますと苦手です。

ですから、私の知識は読書からが多いんですね。

私が小さい頃の楽しみは、映画と本だけでした。あとは野球かな?

今みたいに、娯楽が多様化していませんでしたから。今でもその習性は、変わってないのかも知れません。

休みの大半は、経営書と経営雑誌を読んでいます。

あとは、TVの録画で、「カンブリア宮殿」、「ガイアの夜明け」、「がっちりマンデー」等の経営にかかわる映像、大前研一さんのインターネットニュース（向研会）等ですかね。

●経営書で追体験(注)し、ハンズオンで検証する

本や映画は、なぜ楽しいか、読むのか?

当たり前の話で恐縮ですが、他人の体験を、作品、映画を通して、自分の体験になること、いわば追体験することです。

私が知っている名経営者は、ほとんどの人が、本をよく読んでいます。結局、その本を通じて、追体験しているんでしょうね。

ですから実務家は、経営書とか専門書を、実践に役立たせないと意味がない。単なる、知識、教養だけでは、つまらない。エラそうですが、そう思います。

会社経営は、規模によって、戦い方が違いますから、その時使えなくても、将来、「ああ、あの時のことか?」

と思い出すと、又、役に立ちます。これも、一種の追体験です。

(注)【追体験】とは。他人の体験を、作品などを通してたどることによって、自分の体験としてとらえること。[ネットより]

経営書は、実行のためにある

ユニクロの柳井会長も、本好きで有名ですが、こんなことを書いています。


「ビジネス書を読むという行為は、ほとんどの人にとって、単なる『お勉強』で終わっているのではないだろうか。

『あっ、こういう考え方があるんだな』

『この考え方もいいな』などと思うだけで、本を閉じてしまえば実際の行動にはつながらない。

しかし、本というものは、

『自分だったらどう考えるか？』

『自分の会社だったら、どのようなことが当てはまるのか？』

と、常に自らと対話しながら読むものだ。そして、最終的には、

『本に書いてあることを実行するかどうか？』

というところまで行き着かなければ意味がないと思う。本を読むということは、人

の人生や仕事をもう一度追体験することだ、『仕事も人生も体験したその人だけのもの』と考えている人がいるかもしれないが、そうではない。自分の知らなかったこと、体験できなかったことを、本を読むことによって発見できるかもしれない」

「ユニクロ思考術」柳井正著　新潮社　2009年

●もう一つの視点→サビはなにか？

演歌のヒット曲は、サビ次第です。

同様、追体験を強烈に感じるには、経営書は、「ヘソ」を読まなければならない、と私は思うんです。

経営書には、著者が言いたいところ、いわば本のポイントがあります。私も、本を書いていますから、よくわかるのですが、言いたいことはせいぜい10ページぐらいです。それに付随する、文章を書き加えても、一冊の本にはなりません。

「これでは、本になりません」と編集者が渋い顔をします。

それで、何やら、かにやら加えて、やっとボリュームを満たします。それでも、本郷さんの本は、あのボリュームで、値段が高いと知人にしばしば言われます。（笑）

口の悪い友人は、言います。

「本郷君の本は、自社から、お前の会社に行く間に読める。」

その時間はせいぜい30分です。

それで、内容がなければ最悪です。（笑）

●潮田さんの読書術

LIXIL（リクシルグループ）の創業者の潮田健次郎さんは、小学校卒で、巨大なグループを作った伝説的な経営者です。

潮田さんも、本好きの経営者として有名でした。

なにかに書いてあったんですが、その潮田さんは、本を買ったら、まず、目次を見る、その目次から、面白そうなページをめくる。

そして、そこを読む。それが、面白くなかったら、その本は読まない。

私は、それを読んだとき、目からうろこでした。

それから、私の読み方も変わり、読むスピードが飛躍的に上がりました。そして、やはり最後は、その参考になったことを、自分の実践に使う！　理想形で言いますと、そうなるんですが……。

そんな風に読んでいたら、ストレスが逆にたまるよ、気楽に読まなきゃ、とある人に言われましたが……。（笑）

●ハンズオン（Handson）

ハンズオンとは、「体験学習」です。

実務は、理屈でわかってても経験しないとわかりません。経営も、私の経験を通しても、体験して初めて分かることだらけです。やってみながら、こんなに俺は、正直バカだったかなと思いますね。（ですから、毎日、生涯を通じてハンズオンなんですね。）

●「追体験」と「ハンズオン」を組み合わせる

追体験とハンズオンの組み合わせが、経営には必要不可欠なんでしょうね。

経営だけではないのかな？

私の専門の税法でもそうですし、生き方も、その組み合わせでしょうか？　実践でレベルアップするには、やみくもなハンズオンだけでは不十分、書籍、映画での知識吸収の追体験これも必要です。

仮説と検証

経営は未知への挑戦ですから、もう一つのキモは「仮説を立て、検証する」ことです。

経営者は、知人からの情報、書籍、メディア、等から、気づきを貫います。ですから、雑談は不可欠です。相手にヒントをもらうこともありますが、それで自分自身が気づくこともしばしばあります。

すぐメモを取る！　段々忘れっぽくなりますから。（笑）

気づき→仮説→検証作業に入ります。ですから、失敗も多くします。

追体験で仮説を立て、ハンズオンで検証する。単純に書きましたが、経営者の大事なキモの一つではないでしょうか？

経営は未分化から始まり、経営書はバーチャルから始まる

経営は、まず未分化から始まります。

起業する場合、当然ですが、なんでもやらなければなりません。それこそ、社長の役割から電話番、掃除までなんでもやらないといけません。

昔ですが、弊社から独立して、会計事務所を開業した人がいました。彼が挨拶に来て言いました。

「何から何まで自分でやらないと、それこそコピーまで、自分でやらなければなりません。開業以来休んでいません。」

と言って、一呼吸置きまして、

「でも、全然疲れません。」

うちに居たときは、休みをくれと、よく言っていたのですが……。(笑)

そのうち、一人では手が廻らなくなります。すると当然ですが、人を雇います。これは、事業が進化した証左です。昔は「電話番を雇う」と言いましたが、要するに雑務をする人です。

このように、起業が企業に変わっていくに従って、人が増えてきて、「役割分担と分業」が始まります。

都市と農村を比較してみてください。

農村は、自給自足が原則（昔ですよ）、都市は分業が基本です。生産性が都市と農村では違いますよね。

すると、付加価値が違ってきます。都市に若者が集まる所以でもあります。ですから、人が増えてきますと、役割分担と分業を基本とした、システム（仕組み）が必要になります。

優れた経営者は、一人の時から組織図をつくり、全部自分が兼務する組織図にしています。

そして、人を雇うごとに兼務を外していく。

一人の時から、100人になったらどのような組織なるのかを考えて、そのようになっても、慌てないシステム（仕組み）を作ります。

（ちなみに、私は、行き当たりバッタリでして……。人数が増えてからバタバタするパターンでした。（笑））

●家業を事業にするには、「分業」が不可欠

「もともと地方労働者よりも都市労働者の方が生産性が高い。なぜなら、経済の高度化とともに分業化が起こり、分業化が都市を生み出したわけだから、本来的に都市の方が生産性が高いのだ。

日本の駅周辺の商業施設の単位当たりの売り上げが、突出していることがその証左である。」

「日本文明最強の秘密」 増田悦佐著　ＰＨＰ研究所　２００８年

アダム・スミスの『国富論』でも分業が富を増やすとしています。

「１７７６年出版の『国富論』序文で、富が消費する必需品と便益品の量であることを述べ、本文を『分業について』の章で始める。分業が生産量を高める方法であり、それが富の増加につながるからである。」

「分業には生産物の生産過程での作業内分業と、それぞれの職業への特化、すなわち社会的分業がある。分業によって生産量が増大し、消費量が高まるのは国内経済と同様に、世界経済についても当てはまる。」

「国内経済では、それぞれが異なる職業に特化して、分業することで皆が利益を得る。家庭では、買うよりも自分で作るほうが高くつくものは、自分では作らない。スミスによれば、それと同じ理屈が、国際貿易においても成り立つ。」

「**分業が富を増やす**」京都大学名誉教授西村和雄著　日本経済新聞　2012年
〈『やさしい経済学　危機・先人に学ぶアダム・スミス5』より〉

社長の分身をどれだけ作れるか?

経営の本質は、〝Doing things through others〟つまり他人を通して自分がしたいことを行うことだ。

「**ゼミナール経営学入門──第3版**」伊丹敬之／加護野忠男著　日本経済新聞出版社　2003年

これは名著です。

これが出来ないと、家業で終わってしまいます。起業するということは、結局、自分のやりたいこと、(経営書では、理念と言いますが)を実現することです。カッコの良いことを言っても、結局、社長の欲望の実現です。

その為には、自分の気持ちをどれだけ、社内でどれだけ、共有化できるか、単純に言いますと、どれだけ、社長の分身を作れるかにかかっています。(実際は、大変難しい!)

理念だけではダメでしてね。出すものを出しませんと、人も集まりません。(笑)

今でも、刷り込みになってるのは、P・ドラッカーの知識社会の予見です。

「知識社会の従業員のモチベーションは、高給と、挑戦だ。知識社会は賃金を高く払う企業ほど業績が良い」

との、もう何十年前の予言です。

若い時でしたが、それを知った時、興奮を覚えたことを今でも忘れません。その様な経営をしようという思いは今でも強いのですが……。

でも「現実は厳しい。」いまだに実現できてはいません。(笑)

これでは、経営者失格! 思いを現実にしないと、経営者ではない。

経営書もバーチャルから始まる

気楽に読むことから始めよ！

ちょいと最初にカッコつけました。

「経営書は実行しないとへの突っ張りにもならない」と。

でも、私も最初からそういう読み方をしたわけではありません。起業した時、あるいはサラリーマンの時は、本としての興味です。従業員が少ないうちでは、ほとんどバーチャルです。

そもそも少人数のうちは、自分がやらなければなりませんから、経営は要らないです。ですから、その時点で読んだ経営書は、ほとんどその時期には、実践に役立ちません。

経営書の現場での実践は、規模とタイミング次第です。

昔、ペンタゴン(注)経営を提唱する有名な経営者がいました。その人が書いた本をみたのか、影響されまして、自社でも、5つの主力事業と称して、5角形の形の経営方針を発表したことがあります。

たいした規模でもないうちにね。

それで、社内で嘲笑を買いました。恥ずかしい(笑)。こんなトップのとこなんて、バカバ

力しくて勤められるか、やってられないと辞めたスタッフも多くいたんでしょうね。（笑）

当時はやめる人が多くて、名前を覚える前に辞める人も多かった。

開業の案内が来て、「誰だっけ？」と総務に聞いたら、「うちに居た人です。」という返事。

「本郷さんの事務所は回転ずしだな？」心は、「いいネタからなくなる（よい人からやめる）」

？？？（笑）

ですけど経営書は、その時役に立たないかもしれませんが、あとでそんな場面にぶつかることがあるんですね。

将来、追体験できます。ああ、そうだったのか、後で思うことがあります。

その時、経営書は先生になります。

無駄な本はない！

私個人的には、今でもそう思っています。

（注）**ペンタゴン**（The Pentagon）
アメリカ国防総省の本庁舎、または国防総省そのもののことである。建物の形状から、英語で五角形を意味する「ペンタゴン」と呼ばれる。（Ｗｉｋｉｐｅｄｉａ）
それをもじって、５つの主力事業を５角形に見立て、ペンタゴン経営と言っていました。

目次

経営書をどのように読んできたか？

私の読書変遷

私は会計事務所を開いて10年ぐらいは、もっぱら会計税務の専門書を読んでいました。また、それを肥やしに専門書の端くれを私自身が書くというのが、本との関わりでした。

ですから今思うと、いわば「職人」としての読書でした。

もともと監査法人から、いきなり税理士の事務所の開業(注)です。税務知識が乏しい状態で、税理士の事務所を開いたものでしたから、専門知識を追いつくための読書でしたかね。税金の専門書は、これはこれでとても面白く、実務をしながらですから、ワクワクして読んだのを覚えています。

特に税金には、税目別(法人税、相続税、確定申告等)に申告書があり、別表がついています。それが別表を、埋めていきますと、税金の額にたどり着く仕組みになっています。そのフォームは、正直芸術品だと思いました。

その昔、かのゲーテが言ったといいます、「複式簿記は芸術だ!」

そして、税金の申告書の別表も芸術です。

(注)監査法人勤務から、税務の修行はしないまま開業したため税務の知識に乏しかった。ちなみに、監査と税務は専門的に言いますとまったく違います。

経営書の伝道師

●トップポイント

経営書のサマリー、エッセンスだけをまとめて、提供している人がいます。(有料ですが。)

私は勝手に経営書の伝道師と呼んでいます。

個人的には、とても愛用しています。まず、読む時間が大幅にショートカット出来ます。これは、大きい。

ナビゲーターの役割もありまして、それを読んで深く知りたくて、やはり買って詳しく読んだ本も多数あります。

私が長年愛用しているのが、トップポイント（新刊書を紹介する月刊誌）です。（PersonalBrain Toppoint）

利用してもう20年以上ですね。その頃何社か同じようなのがありましたが、いつの間にかなくなりました。

これは、本の選び方、又それのサマリーの編集にものすごくセンスが要ります。

「余人をもって代え難し」です。

ストライクゾーンにはまらないと、気の抜けたシャンパンですものね。

トップポイントの良いところは、まず、サマリーのサマリー要点を半ページ使ったキャッチコピーのような要約があります。

そして、それを何ページかで解説します。

ですから、最初のキャッチだけを見て済ませることもあります。

そして、私は、皆さんに「見てきたようなウソを言い」になります。（笑）

●ブックマラソン

さて、最近の経営書の伝道師のピンは、土井英二さんですね。

土井さんはブックマラソンとして毎日メルマガを配信してくれます。(登録するとメルマガ配信、無料です。URL　https://eliesbook.co.jp/bbm)

土井さんは、出版マーケティングコンサルタントで、伝説のベストセラーの仕掛け人としても名高い人です。

カリスマと呼ばれるぐらいですから、多分これも、他の人には出来ないでしょうね。

メルマガは、機関銃のごとく送られてきます。しかも、サマリーが付いていますのでとても助かります。

サマリーで済ますこともあり、メルマガを一読して、面白そうなのは購読します。

私も実務家の端くれですから、自分が実践できないのは、あまり興味がありません。ですから、本の選択もそんな風に選んでしまいます。

面白くもおかしくもない読み方ですね。(笑)

トップポイントにしても、土井さんのメルマガにしても、当初類似のライバルがありましたが、今はすっかり消えてしまいました。両者とも独占状態です。こういう企画は、類似品はダメなんですね。競争から抜け出すとブルーオーシャンが待っている。

両者をみても、マーケティングの参考になりますね。

トレンドを読む醍醐味

私の経営書の読み方に、ビジネストレンドをどう読むか?というのがあります。これも経営書の醍醐味です。

●大前研一さん

そのトレンドを語らせたら、現在、大前研一さんにかなう人はいないとつくづく思います。私は大前さんが主宰する向研会（有料）に入っており、この情報力は、余人をもって代え難しです。

余計なことですが、この会は入る価値が大いにあります。

大前さんの本は、若い時からベストセラーになった本は大体読んでいます。

「新・資本論～見えない経済大陸へ挑む」 大前研一著　東洋経済新報社　2001年

例えば、今のサイバー社会とプラットフォーム戦略を予言した、「新・資本論」。

「21世紀の富はプラットフォームから生まれる」と大前研一さんは、2001年に言いました。10年を経て、

「プラットフォーム戦略」平野敦士カール/アンドレイ・ハギウ著　東洋経済新報社　2010年

が出てきたのですね。いかにトレンドを先読みしているかが分かります。

ちなみに、本書で言う見えない大陸とは?

◆実体経済の空間
◆ボーダレス経済の空間
◆サイバー経済の空間
◆マルチプル経済の空間

今でも十分、経営の考え方に応用できます。

「大前流心理経済学―貯めるな使え!」大前研一著　講談社　2007年

経済が変わった、こんな予言がこの本です。日本の個人資産1500兆円の水がめを決壊させると、ものすごい経済が生まれる……卓見です。

しかも、8年前の予測です。

私なんかは恥ずかしながら、今頃、拙著（経営ノート2015年）で贈与の経済なんて今ほざいていますから、まだまだ未熟です。（笑）

実務的に重要なのは、「40代、50代は、資産を必死に運用すべき」（本書）との警告です。

私はこれを、経営者に置き換えます。

経営者は、これらの本から、マルチプル経済と心理経済学の自社への応用を考える。

大変ビジネスの参考になると思っています。


「訣別──大前研一の新・国家戦略論」 大前研一著　朝日新聞出版　2011年

これも、経営に大変参考になる本です。

私は、ロシア（旧ソ連）と中国が同じ共産圏からの転換で、なぜこんなに経済の格差が出たのか、この本では明確に指摘しています。私は新商品、新プロジェクトの立ち上げに十分応用できると考えています。

では何故、生じたか?

ロシアは、全体で一気に始めた。中国は、特区(部分)から始めた。

成功事例のヨコテン、これが、中国の勝利の原因です。

「中国とロシアの差はなぜ生じたのか」

「今日の中国の市場経済化、経済成長も元をたどれば小さな勝利から始まった。歴史的な政策転換を行って改革開放路線に舵を切った鄧小平は、まず沿海部の深圳(シェンゼン)、珠海(ジューハイ)、汕頭(スワトウ)、厦門(シャーメン)の四つのエリアを経済特区に指定して『社会主義市場経済』と呼ばれる市場経済化の先行モデルを作らせた。一つの国家体制下で共産主義的な統制経済と市場経済という二つの異なる経済制度が共存する、いわゆる一国二制度(一国両制)である。もともとは台湾統一問題を解決するために構想された考え方だが、中国経済のプラグマティズム(実用主義)を表現する意味合いで広く使われるようになった。」

「小さな勝利の種火を起こし、改革開放政策を段階的に進めて火種を大きくしていくことで、中国の経済成長は燎原の火のごとく勢いを増していった。」

「同じ共産主義国であり、全体主義で国家運営されていた中国とロシアで、市場経済化にどうしてこれだけの差が生じたのか。私の解釈は単純で、要するにロシアは小さな勝利を積み重ねるというプロセスを踏んでいないのである。中国の場合、従来の政治体制のままで、経済政策として段階的な社会主義市場経済にトライしてきた。決して急がせることなく、順繰りに国民を市場経済のシステムにテイクオフ（離陸）させていったのが鄧小平の賢さだ。時折、恫喝を交えて政治的な民主化の動きを牽制しつつ、『先に豊かになれる人から豊かになりなさい』『白い猫でも黒い猫でも、ネズミを取るのはいい猫だ』などとのらりくらりしたことを言って、市場経済の柵の中にゆるゆると国民を追い立てていった。」

「ロシアの市場経済化には鄧小平がいなかった。代わりに外から入り込んできて、右も左もわからない新生ロシアに『自由主義経済』を吹き込んだのが、旧ソ連邦時代の末期に経済ブレーンとしてゴルバチョフ大統領に雇われた米ハーバード大学の経済学者、ジェフリー・サックスの一派である。彼らが『本場の市場経済を教えてやる』とばかりに指導して、国営企業の民営化など一気に市場経済に移行しようとしたことが失敗の原因だった。」

「地方分権化が富を生み出す」

「ステップを踏んで市場経済に近づいていった中国。片やいきなりアメリカ型市場経済に移行したロシア。両国の経済発展を分けたポイントがもう一つある。それは分権化である。

ロシアでは共産党一党支配の政治構造は崩れたものの、大統領や首相は依然として権限を手放さないし、官僚制度も堅持されている。地方政治も一時は選挙で市長が選ばれるようになったが、プーチン政権のときにこれを任命制度に戻すなど、『強いロシアの復権』というスローガンのもとで逆に中央集権を強化した。」

「一方の中国。共産党一党独裁という政治体制については教義的にもまったく妥協していないし、地方政治の人事権も中央は手放していない。ただし、経済運営に関しては、一九九八年に首相に就任した朱鎔基(ジューロンジー)の改革で地方に権限が大幅に移譲された。朱鎔基は『八%以上の経済成長をすること』『暴動などの社会不安を起こさないこと』『腐敗をしないこと』という『三つの約束』を果たす限り、経済運営に関する全権限を市長に移譲する、としたのだ。」

「外資も税金も国ではなく市に入る。中国の市長はホールディングカンパニー(持ち株会社＝共産党)の事業部長みたいなもので、本社(北京)に行って陳情する局面はまずない。」

「富を創出するもう一つの仕組みが土地だ。中国の土地はすべて共産党の所有地だが、その土地の使用法を含めて市長の権限はほぼ無限に等しい。市長は農民から二束三文で収奪した土地を次の日には商業用地に転用して付加価値を高めて、使用権を高く売るのだ。」

●「中国が香港化する」～邱永漢先生

私が若い時から影響を受けたのが故邱永漢先生です。先生の本も多く読みました。

今でも鮮明な印象は、

「香港の中国化ではない、中国が香港化する」

という、予言でした。

香港をイギリスが中国へ返還(1997年7月1日)する時、世論は香港リスクを言っていた当時の話です。

当時、香港人でさえ、香港脱出を考え、カナダ移住を実行していた時、逆に先生は、大陸進出をしました。

結果は、先生の予見通り、中国は大発展しました。

「私は早すぎる」

「先を見る目が早すぎる。」

これも邱永漢先生の口癖でした。

「自分の目で見える景色の向こう側になにがあるかを見ようとする」

邱永漢先生の先見力の原点がこれなんですね。経営者の感性も、これではないかな?

フロリダの湿地帯の景色を見て、ディズニーワールドを作ったウォルト・ディズニー。

これなんかでも、景色の向こうが見えたんでしょうね。

私の経験でも、「これ何か感じますか?」と聞いて、「全然感じません」なんて答えをもらうとガクッとします。(笑)

余談ですが、先生は死ぬまで現役を通しました。中国視察ツアーで一行を引き連れ、倒れてでも最後の講演も視察地で行い、帰国して入院し他界しました。享年88歳で、いわば死ぬまで現役でした。この生き方は、私も理想とするところです。

余談ですが、話術の天才でもありました。

「ミャンマーの空港は飛行機が一機もいなかった。これがホントの空港（カラのミナト）だ」大分前で、まだ旧ソ連が崩壊直後でしたかね。先生のスピーチを聞いて大笑いした記憶があります。

ともかく、話題が豊富で、話がおもしろかったですね。

そして、私が聞いた最期の予言

「中国政府は、香港は自由のまま残しておくよ」

「じゃないと、政府高官が、ワイロの持っていき場がないじゃない」

香港は大陸の規制が進むから、預金をするのは危ないのではという世論に対しての意見。

私もそう思います。（笑）

書籍メモ〜本のキモは保存する!

最初は、読んだまま、ラインを引いて、記憶したいところを、手書きでノートに書き込んでいました。PCが普及してからは、最初はWORDに入れていました。最近は、グーグルのドキュメントに保存しています。

残したいところを、書籍メモとして秘書さんに打ってもらって、保存します。原稿を書いている関係でそれを貼り付け、引用できますからとても便利です。

最近は、キンドルで読める本も出てきました。

これが便利で、保存したい箇所をクリックしますと、ダイレクトに、必要箇所が保存できるようになりました。

私は、経営書の必要箇所を保存しましたら、原則的に本は処分します。生意気ですが、将来は本棚をカラにしたい。

書籍メモとキンドル一冊だけにしたいと思っています。

あなたは何屋さんか？

さて、税務の本を読む傍ら、経営書も少しづつ読んでいきました。

きっかけは、マーケティングかな？

開業して10年経った時、ある経営セミナーで、マーケティングという存在を知りました。そういう意味では、とても奥手です。ホントは、開業当初に読むべき本だったんでしょうね。

そして、営業にはただ頑張るだけではなく、マーケティング戦略が必要だと学んだんですね。

その傍ら、マーケィテングの研修やセミナーにも参加しました。振り返ってみますと、それが、経営の勉強の第一歩でしたね。

その当時（１９８０年代後半）もっぱら流行ったセミナーは、

「あなたは、何屋さんか？」

でしたね。

要約すると、

「あなたは、どの業界に属していますか？」

これは、凝りましたね。

最初はその質問に戸惑いました。

「バカ言ってんじゃないよ。会計業界に属しているよ。」

ところがぎっちょんなんですね。

ホントに自分は、会計業界という狭い業界だけで考えてしまっていいのか?

だとすると環境が変化した時、没落してしまう。

鉄道事業はそれにこだわり、飛行機の業界に乗り遅れた。もし、鉄道会社と考えず、輸送を提供すると考えたら、飛行機業界に参入していただろう?

映画会社は、映画屋と考えてテレビに乗り遅れ、没落した。もし、当時の映画会社のトップが、娯楽提供業と映画を考えていたら、テレビ局をもってテレビ事業に乗り出していただろう。

衝撃的でした。

小林忠嗣さん

この手の本を何冊か読みましたね。

今でも覚えているのは、ベンチャー・リンク創業者の小林忠嗣さん（当時日本LCA社長）の

「社長が自分と自分の会社を診断する本
——誰も言ってくれない自分と会社の盲点と欠点を探る」　小林忠嗣著　日本実業出版社　1982年

興奮して読んだのを覚えています。

「企業とは、環境適応業である！」

変化対応業でもあります。

その本に興奮して、小林さんのセミナーをわざわざ京都まで聞きに行きました。

この本は、面白かったので、当時同業の師匠に、買って渡して、読後の感想を聞いたら、、

「全然面白くない」

という答えでした。（笑）

「人によって、読み方はさまざまなんだなー」

と今でも、この記憶は忘れません。

ゆめゆめ面白いからといって、人に押し付けてはいけない。（笑）

余談ですが、私が講演の天才と思っている一人が、小林さんです。もう一人が、今宝島社のオーナーの蓮見さんですね。当時は、革マルの幹部でした。大学一年の時、早稲田のキャンパスで聞いたのですが、惚れ惚れして聞いていたのを覚えています。その後、蓮見さんは週刊誌のトップ屋を経て、宝島社を創業。

戦後創業の出版社としては、最大規模にしました。革マルでも有能だったんでしょうね。

マーケティングマイオピア（Myopia）（近視眼的マーケティング）（注）

さて、「何屋さん?」の原型が、1960年に発表されたセオドア・レビット氏の論文のタイトルだったのを知ったのは、それから随分後でしたね。

要するに、

「変化対応を怠れば、没落するという話」

でした。でも、当時はスタッフの数もタカが知れていましたから、経営書と言ってもバーチヤルで、どちらかと言いますと、まだまだ趣味的読書だったかな？

でも、今でも、

「会計が売れなくなったらどうする？」

「税法がなくなったら、どうする？」

と思っていますから、その意味で、私個人的には、今でも、この考え方は危機感の原点です。

（注）**マーケティングマイオピア**

企業が自社のマーケティング上の使命を狭く解釈しすぎて変化への対応力を失い、市場機会を逃してしまうこと。［ネットより］

ただし、広く考えすぎてもダメ。

変化対応を広く考えすぎてもダメで、失敗の典型は、ＧＭだと言われています。宇宙まで広げすぎた！（笑）

マーク・マコーマック(注)さん

「**ハーバードでは教えない実践経営学(BEST OF BUSINESS)**」
マーク・マコーマック著　樫村志保翻訳　日本経済新聞出版社　2007年
(旧題「マコーマックのマンビジネス—ハーバードでは教えてくれない経営177則)

記憶が間違っていなければ、私が経営書として、一番最初に影響を受けた本がこれです。

「世界的な名声を持つロ—レックスの社長、アンドレ・ハイニガー氏に『**時計業界**はどんな具合だね』と聞いたところ、

『まったくわからん、ロ—レックスは時計業界におらんのだ。私らは**ぜいたく品業界**におるんだよ』

私はハイニガー氏の言葉に市場性の基本を言い当ててると思った。

自分が実際どのような業界にいるのか、そして顧客と自社の製品を結びつけるイメージを理解することだ。」

若いときでしたが、この一節に出会ったとき、ガーンと頭を殴られるような衝撃だったことを覚えています。

業種ではなく業態で考える

その頃は、今ほど明確に認識したわけではありませんが、ビジネスを業種だけで、狭く考えてはいけない。自社は何屋さんなのか？

丁度、開業して10年目ぐらいで、私自身行き詰まった時に出会った本でしたから、衝撃的でしたね。

自社を会計事務所と考えてはいけない、もっと広く考えよう。

それが、今、自社の信条である

「会計から離れるな、でも会計にこだわるな」

の原点になったのかなー？

働きすぎ？

著者のマーク・マコーマックさんは、弁護士から転進して、スポーツビジネスの先駆者であり、スポーツビジネス(IMG社)を一代で築き上げた天才経営者でした。交渉の天才とも言われています。

惜しくも72歳の若さで亡くなりました。

毎日4時半には起床しており、1年に50万キロ世界中を飛び回るという精力的な活動をこなしていたそうです。

働きすぎかな? 死んだらおしまいです。

●マコーマックさんの名言

マコーマックさんは、数々の名言を残しています。

その中で私の好きな言葉を書いてみます。

①練習すればするほど運がついてくる

「『幸運は勤勉の賜物』

という決まり文句がある。ゲーリープレイヤーが、言ったように、

『練習すればするほど運がついてくる』

のだ。」

そう言えば、「努力できることが才能である」と言ったのは、松井秀喜選手です。

② スーパースターの条件

◆満足を知らない

◆大事な試合に自分をピークにもっていく

◆殺人本能

そう言えば、私の知ってるスーパー経営者も同じです。皆さん、「満足を知りません」！

（注）**マーク・マコーマック**
　アメリカの実業家。世界的なエージェント会社インターナショナル・マネジメント・グループ（ＩＭＧ）の創業者。ＩＭＧは主に有名スポーツ選手や芸能人のエージェントサービスで大きく成長した。アーノルド・パーマーやタイガー・ウッズ、マリア・シャラポア、錦織圭など数々のスターが所属しています。［ネットより］

P・ドラッカーが「何屋さん？」の原点

さかのぼると、「何屋さん？」の原点は、やっぱりP・ドラッカーです。

東邦薬品（現東邦ホールディングス（株））の創業者の松谷義範氏は次のように書いています。

「ドラッカーは、この世界と事業についての幅広い一般的な知識を持っているコンサルタントである。けれども彼は、問題に自己の知識を持ち込もうとせずに、無知な人間として相対する。

産業界の慣行にどっぷり浸かっている人たちの頭脳は、各種の偏見や思考癖、通説や手垢のついた冗談がそこに雑居しているために、その動きが阻害されている。乱雑に書き散らされたその人たちの黒板には、新しい計算をやるだけの余白がない。したがって、そういった黒板を拭き消し、定説を一掃し、既知のうやうやしく信奉されている真理をことごとく打破して、工場を一度も見たことがない人間として新たにスタートを切らせること。これが、コンサルタントの役目である場合が少なくないといっている。」

「すでに伝説化しているが、こういう話がある。さるビン製造会社にコンサルタントとして招かれた時のこと、ドラッカーは、取締役会との初顔合わせの席で、こう尋ねた。

『ところで皆さん、あなた方の事業はいったい何なのですか?』

彼の無知に驚きながらも、取締役会会長は、

『当社の事業は、清涼飲料やビールのビンの製造です。』

と答えた。これに対するドラッカーの答えはこうだった。

『私は、そうは思いません。あなた方は、包装業に従事されているんです。』

とたんに大いなる啓示の光がさした。まるでドラッカーが、重役室のテーブルの脚を足蹴にして取り払ったかのようだった。こうして取締役たちは、物ごとを考えなおすことができるようになり、後日、自分たち自身の手で問題の一つ一つについて解決策を生み出したのだ、としみじみ実感するようになったという。」

［松谷義範経営論文集3よりの引用］

●千疋屋はギフト業界？

そんなことを思うと身近にいろいろなことが見えてきます。

例えば、千疋屋のメロンはばか高くてもよく売れます。

フルーツ業界ではなく、ギフト品業界ではないか？

あれは贈答品には使うが、自分で買っては食べませんよね。（笑）

●黄金の業界に属してる

知人にくみとり屋の社長がいました。

「何屋さん?」の話をしましたら、

「うちの従業員はモラルが低くて困る。何か従業員向けに、モラルアップになるような話をしゃべってくれ。もっとも、くみ取った後で金をもらう時、相手が割り箸に金を挟んで渡す人もいるので無理はないけどね」

という依頼をうけ次の話をいしました。

「あなた方はくみとりの業界に属していない。あなた方は黄金の業界に属しているのだ……」

二大経営書その①「GMとともに」

「GMとともに」アルフレッド・P・スローンJr.(注)著　有賀裕子翻訳　ダイヤモンド社　2003年

たしか大前研一さんでしたが、二大経営書というものをあげると「GMとともに」と「思考スピードの経営」の2つだと何かで読んだ記憶があります。

私は、最初にビル・ゲイツを読みました。

「インターネットは、時間と空間をゼロにする」

これも衝撃を受けた言葉です。

これからは、インターネットだ！　自社に取り入れて、先行しよう。

思いは早かったのですが、結果は、日光市の手前（いまいち）でしたね。いまだに、うまくいっていません。

とまれ、そのビル・ゲイツが、バイブルとして読んだのが、「GMとともに」だったら、読まないわけにはいきません。（笑）

ビル・ゲイツは「経営書を何か一つ読むとすれば、私の長年の愛読書である『GMとともに』をお薦めする。」と書いていました。

「GMとともに」は、なんと1963年（昭和38年）に書かれたもので絶版になっていたものを、ダイヤモンド社が2003年6月に再版しました。

読もうと思って一年も「積読（積んでおく）」をしていました。（厚いのでねー（笑））

随分むかしに書かれたこの本は、その後経営者のバイブルとなっていたようで、P・ドラッカーも影響を受けたようです。

さわりを紹介しますと

◆事業部制を作る
◆ROIを軸として経営をする（どれだけの投下資本からその利益を生みだしているか）
◆財務戦略（コントロール）の重視
◆分権化（事業部制）と集権（本来機能）の統合をはかる（これは難しい）
◆委員会制を作る
◆経営を戦略的にとらえた
◆ストックオプション制度を作る
◆プロフェッショナルマネージャー（プロの経営者）の第一号

その他にも

◆事業の拡大そのものとそのために組織を大きくすべきだという考え方は区別しておかなくてはならない（これがP・ドラッカーの「肥大と成長は違う」になったのかな？）
◆自動車を機能性からデザイン性にかえた

◆事業に責任を負う人にとっては二つの要素が必要
◆「意欲」と「機会」だ
◆意欲は主に報奨によって引き出され、機会は分権化をとおしてもたらせる
◆分権化をすすめると「進取の精神」「責任感」「10人の能力」「事業にもとづく判断」「適応力」、すなわち組織が新しい状況に対応するうえで欠かせない資産が全てを引き出せる
◆全体の調和をはかると「統率性」と「経済性」が高められる

特に「事業部制」は、有名ですね。

その話を松下幸之助翁が聞いて、「ウチの方が先にやっている」と言った話も有名です。

当時の松下電器は、とっくに事業部制を取り入れていた。

でも今でも古くなっていません。

（注）**アルフレッド・プリチャード・スローン・ジュニア**（英：Alfred Pritchard Sloan,Jr. １８７５年５月23日 - １９６６年２月17日）はゼネラル・モーターズ（ＧＭ）で長年社長を務め、ゼネラル・モーターズを全米のみならず世界最大級の製造業企業へと成長させた人物。［wikipediaより］

二大経営書その② 思考スピードの経営

「**思考スピードの経営―デジタル経営教本**」
ビル・ゲイツ著　大原進翻訳　日本経済新聞社　1999年

●デジタル経営教本

副題に、「デジタル経営教本」とあるように、デジタル時代の経営の基本を書いた本。デジタル時代が来た。経営は、それを単に道具として取り入れるだけではないのだ。

「それを使って、会社の行動様式を変えることだ」

今を考えても、道具としては使っていても、行動様式が全く変わった企業は、どのくらいあるのだろうか?

私は、ビル・ゲイツの思考（早く企業の行動様式を変えた会社が勝ちという思考）が、それ以降15年経った今でもまだ間に合い、通用するのではないか、と思っています。

弊社を考えても、つくづくそう思いますね。

●デジタル時代はスピード経営

「1980年代は、品質が問題」

「1990年代は、リエンジニアリング（業務の基本的革新）が課題」

「2000年代は速度が課題となる時代」

難しく考えなくても、経営の基本である、コミュニケーション、ホウレンソウ（報告、連絡、相談）は、デジタル時代は、飛躍的に向上します。

スピード経営が出来る筈なんですが……。

それの阻害要因はすべて、あなた？

人間の壁というのがありまして……。バカの壁？（笑）

ビル・ゲイツによれば、

「デジタル時代は、
●ビジネスの性格がどれだけ速く変化するか
●ビジネスそのものが、どれだけ速く実行できるか

●情報へのアクセスが消費者のライフスタイルや彼らのビジネスへの期待感をどのように変えていくのか
などが問題になっていく時代というわけだ。」

この原稿を書くため、読み返しましたが、改めて、弊社でも、その課題を再度見直し、実行しようと思いましたね。

でもその、マイクロソフトが、周知のように分が悪い。マイクロソフト、インターネットエクスプローラは負け組になってしまいましたね。圧倒的に、グーグル、クローム(chrome)の時代。なぜ負けたか?

●王者を維持出来なかった、マイクロソフト

「アップル、グーグル、マイクロソフト―仁義なきIT興亡史」
チャールズ・アーサー(英ガーディアン紙IT記者)著　林れい翻訳　成甲書房　2012年

あれほど、インターネットを強調したマイクロソフトが、何故グーグルに負けたか?(あく

までも現時点です。）

◆「デジタル経済ではスピードこそ企業の命」

◆「生まれ変わることを会社の目的にする」

［ネットより］

こんな、行動指針をもっていても負ける。

ですから、私個人的にはとても興味を引くのです。

ウインドウズ95の熱狂を知っているものとして、「シェア9割を誇り、後の1割は、アップルにくれてやれ」（頭としっぽはくれてやれ）当時、こんな感じでしたかね。

それが、なぜ負けたのか？

そんな時、出会ったのがこの本でした。

題名に惹かれて、読みました。これは、内容も面白く、実に私は興味深く読みました。

●こんなに警戒していても？

マイクロソフトのライバルは、との問いにビル・ゲイツは、次のように答えています。

「ビル・ゲイツとマイクロソフト

1998年の後半、『ニューヨーカー』誌のケン・オーレッタ記者は、ワシントン州レドモンドにあるマイクロソフトの拠点を訪れ、当時CEO（最高経営責任者）だったビル・ゲイツを取材した。

〜中略〜

マイクロソフトはサーバー用オペレーティングシステム（OS）で次々と契約を獲得していた。

『警戒しているのはどんな会社ですか？』

と、オーレッタ記者はゲイツに尋ねた。

『サン・マイクロシステムズのような昔からのライバル企業か、データベースメーカーのオラクルか、あるいはウェブブラウザを提供しているネットスケープですか？』

ゲイツはいずれも否定した。

『私が恐れているのは、ガレージでまったく新しい何かを生み出そうとしている起業家だ』

オーレッタが残した

『ゲイツはただ、世の常として、既存企業の敵が〝革新〟であることを知っていた』

という当時の取材メモからわかるように、ゲイツは明らかにこのとき、**場所も内容も名前もまだ知らない誰かを見据えていたのだ。**」

●なぜ負けたか？

問題は

「ビル・ゲイツがそんな風に考えていたにもかかわらず、インターネットでは、グーグルに負けた」

そのことです。

人モノ金すべて圧倒的に強い会社がですよ。

「もはや、マイクロソフトはベンチャーではない、大会社だ」

と当時の日本の幹部からも、直接聞きましたからね。

なぜ？ 大企業病？

「その頃、マイクロソフトの上級幹部でオンライン検索の利点と潜在力に気づいている者は皆無だった。この世代はウェブサーフィンに馴染みがなかったからだ。幹部の中にオンライン検索の利点を本当の意味で理解している人物がいなかったのは間違いない。だが、検索エンジンの重要性は当時から明らかだった。」

これでも、疑問が残ります。

だって、ネットスケープを後発でエクスプローラが追い越したんですからね。

「ビジネスモデルを確立したグーグルは、積極展開に打って出た。広告主のネットワーク効果も追い風となった。グーグルに広告を出して顧客をつかんだ企業があれば、評判は自然と広まる。グーグルは任意の検索語に基づいて広告に入札するプロセスを自動化し、零細企業であっても世界にアピールできる仕組みを作り上げた。

これは従来の検索エンジンにはない特長だった。圧倒的多数である小企業をターゲットにしたことと、広告やウェブコンテンツの入力に人手を不要として無限の拡大を可能にした作戦が見事に当り、グーグルの広告ビジネスは急成長した。」

「それでもマイクロソフトの社内では、「グーグルなど、〝第二のネットスケープ〟だ。必ず引きずり落とせる」という思いが強まっていた。しかし、この過信が大失敗の元だった。」

過信とうぬぼれ?

でも、少なくともビル・ゲイツは、そうではなかったと思うんですが。

●私流の解釈

私流にこの本を解釈すれば、

「最大のライバルは、世代交代だ」

ということかな?

世代交代した後は、既存の市場を支配している企業でも、完全に市場から跡形もなく退場させられる。これは、IT企業だけではないですよね。

かつてスーパーマーケットは、同時に進出した百貨店が勝てなかった。ネット通販は、大企業が楽天に負けた。そもそも石炭会社が、石油会社に変貌できなかった。

数え上げればキリがありません。


「ARMの共同創業者ハーマン・ハウザーは、次のように言った。

『**コンピューターの歴史の中で、一つの時代を支配した企業が次の時代も支配した例はない。また、新しい時代の到来によって前の時代が終わらなかったこともない。前の時代の痕跡は完全に消え去るのだ**』

最後にハウザーはこう言葉を結んだ。

『そして、パソコンの市場を支配していたのがインテルとマイクロソフトだ』」


以上太字は私が勝手につけました。

ビル・ゲイツとグーグルのラリー・ペイジの差は18歳です。

サッカーでも野球でも、ポジションを奪うのは、自分のプレーをあこがれて観客席でみている少年だと言われています。

事業化できるか、家業で終わるか？

田岡信夫さん

ランチェスター戦略は、弱者の戦略として有名です。多分私だけでなく多くの経営者は、必ず参考にした考え方です。

ランチェスター理論の最初の伝道師は、故田岡信夫さんでした。

「ランチェスター販売戦略は、昭和45年に故田岡信夫さんがランチェスターの戦争の法則から初めて導き出したビジネスの戦略思想です。『勝ち方には一定のルールがある、その基本的思想をランチェスター法則から学び取れ』が田岡さんの一貫した主張でした。」［ネットより］

若い時、田岡さんの本を大分買いましたが、ほとんど積読でした。

唯一覚えているのが、「販売戦略は、県単位でなく、江戸時代の藩の単位で考えろ！」でした。

東京にいますと分かりませんが、地方ではいまだ、旧藩ごとの文化が残っている地域があります。

私も、青森支部を作った時、同じ青森県の八戸支部がありましたから、

「コラボしてやったら?」

と、青森で話したら、

「それは絶対に出来ません」

との答え(笑)

これも何十年前の田岡さんの追体験です。

竹田陽一先生

「ランチェスター弱者必勝の戦略——強者に勝つ15の原則」
竹田陽一著　サンマーク出版　1993年

は名著で、私が一度会いたかった人です。

20年前の著作にもかかわらず、今でも売れており、累計10万部を超えるベストセラーだそうです。

私も読み返してみましたが、今でも古くなってなく、改めて参考になりました。

戦略的発想には、とても参考になる本です。

ランチェスター戦略は、弱者の戦略に目を奪われますが、むしろ私は、自社の事業を事業化する際のヒントとしても、大変参考になる本だとおもいます。（本当の弱者は、ランチェスター戦略すら取れないですからね。）

竹田先生には、幸運にも福岡の弊社主催のセミナーで講演していただきました。河辺よしろうさんの紹介です。ちなみに河辺さんもランチェスターの専門です。

講演の後、食事の際に聞いた話です。

竹田先生のお話によれば、事業規模が大きくなるかどうかは、起業して、10年以内で決まるといいます。世に出た代表的企業の多くは、10年以内に事業規模にしたそうです。

これは、大変参考になりました。

そのポイントは、社長が会社をスタートさせ、起業して10年が勝負だということです。10年以内に「戦略発想になるか、戦術発想のままで終わるか」で、その後の事業規模が違ってくると教えてくれました。成る程、戦術は足し算ですし、戦略は掛け算ですものね。

昔、日下公人氏が、日本企業の低迷を、

「本社はアメリカに負け、現場はアジアに負ける」と表現していたのを思い出しました。本社は戦略発想、現場は戦術発想です。両方負けたのでは、立つ瀬がありません。

「闘え、本社―新しい日本よ、こんにちは」
日下公人著　ＰＨＰ研究所　１９９５年

日下さんは20年前にこの本を書いています。今の日本の現実を考えますと、いかに卓見であったかが分かります。

本社がアホだと、現場がいかに優秀でも勝てない……これも私の刷り込みです。

事業化のキモは仕組みが八割

●人間は、初体験が、大きくその後に影響する

私は、監査法人が、社会人経験の第一歩でした。その時の上司が、とても頭のいい人で、監査の腕も抜群でした。その人は、

「マニュアルはダメだ。あれでは、粉飾は見破れない」

これが口癖でした。当時、監査は、ビックエイト（現在はビックフォー）といわれる外資系の世界的な会計事務所のマニュアルを基にした仕事でした。

当時の私の上司は、外資系に対するライバル意識もあって、そんな発言をしたのかな？でも、この「マニュアルはダメ」という刷り込みが、長い間私を支配しました。独立開業後も仕事の標準化、仕組みづくり、マニュアル化、これらは悪だという、思い込みが続いて、人が増えても、属人化に頼っていたのです。

やっと、これではいけないと思い始めた時は、開業後20年以上経っていました。ですから、正直今でも、弊社の仕組み化が進んでいるとはいえません。

●腕のいい人はマニュアルが邪魔

前述の上司は、職人肌の大変腕のいい人でした。当然ですが、マニュアルなんていらないですよね。でも、事業を始めますと、優秀な人だけでは会社は、運営できません。ですから、事業は、仕組みづくりが、キモとなります。

極端に言えば、仕組みが八割かな?

「**ガーバー流社長がいなくても回る『仕組み』経営**」
堀越吉太郎著　KADOKAWA中経出版　2014年

キャッチは、「社長が会社にいなくても回る」です。

この本で気にいったフレーズから書きますね。

「多くの場合、パン職人がパン屋を、税理士が税理士事務所を、弁護士が法律事務所を、大工が工務店を経営している。しかし、**彼らはいつまで経っても「職人」のままであり、「経営者」になろうとしていない**。パンを作るのに傾けたのと同じだけの努力を、経営の勉強に振り向けようとしない」

「社長は『仕事』をやめなさい」

「人に頼るな、仕組みで戦え」

「マニュアル化↓平凡な人材を非凡に変える仕組み」

「誰がやっても成果が上がるようになっているか？」

「ビジネスモデルとは、誰がやってもお金が生み出される仕組み」


等々、事業にしたいと思っている人には大変参考になる本です。

そして、深く納得させられる一節が
「社長が忙しい会社は成長しない！」

確かに、宅急便のハンコを真っ先に社長が持ってくる会社、社長が荷物を率先行動でおろしている会社は勇ましいんですけどね……。

あまり伸びたと聞かない（笑）。

その後、この本が気にいって、著者の堀越さんに面談し、弊社のメンバーのコンサルを依頼しました。

上原春男先生

「成長の原理」
上原春男著　日本経営合理化協会出版局　１９９６年

事業化は成長が前提と私は思います。

又、成長は企業のエンジンでもありバネです。私個人的にもこの言葉が好きで、弊社の基本方針も成長です。ですから、「成長しなければ死んだも同然」というユニクロの柳井会長の言葉を、よく引用します。

その成長と言えば上原春男先生の「成長の原理」には、啓発を受けました。

不変の原理

経営にも変わるものと変わらないものが、当然あります。上原先生の成長の原理は、その意味では、不変の原理です。これも衝撃をうけた本の一つです。上原先生は元々、佐賀大学で、エネルギー（海洋温度差発電）の世界的権威です。そのエネルギーの理論に基づき、５段階の成長の原理を書いています。

おさらいで書いてみますね。

1. 創造、忍耐の原理

成長とは創造性と忍耐の積の総和である

成長力＝創造性×忍耐力

2. 成長限界の原理

成長過程をたどるものには、必ず限界がある

3. 並列進行の原理

成長の限界点を無くすためには、成長物の要素を並列に進行させる必要がある

4. 条件適応の原理

成長物は内部に保有する「内的条件」と成長物をとりまく「外的条件」とが一致したときのみ成長する

5. 分離、再結合の原理

成長物の内的条件と外的条件の機能を分離し、条件適応の原理に合うように再結合させると、成長物は成長する

●私流の解釈

これを独断と偏見で解釈しますと……。

1．創造、忍耐の原理

努力には方向性があります。「企業を成長させる源は、成長しうる製品やサービス、情報の発掘と開発次第である」(同書)

特に研究者ならではの発想です。研究者は、選んだ研究テーマが日の目を見ないと、一生が無駄な努力ですものね

2．成長限界の原理

成長の限界を作るのは、外部要因より内部要因ですね。トップがこれでいいと思ったら終わりです。

3．並列進行の原理

「単品製品は死にいたる」(同書)

最近ではマクドナルドがいい例ですね。会社は必ず儲からなくなります。

儲かっている間に新しいネタの開発。

分かっちゃいるけど……。

4．条件適応の原理

世の中は絶えず変化しますので、会社は変化対応が必要です。

その為には、社長は中にいてはダメですね。私は、社長の交際費は、研究開発費だと思っています。

私の経験でも、中にいて新しい発想が生まれることは皆無です。

5．分離、再結合の原理

この原理の応用は、合わせ技かな？

いきなり電気自動車に行かない、ハイブリッド車の開発のコンセプトは、合わせ技ではないでしょうか？

上原先生は、この本がきっかけで今でも、個人的に仲良くさせていただいております。この原稿を書くので、もう一度読み返しましたが、やはり不変の原理ですね。

販売無くして事業なし

事業のキモは販売です。知り合いのアメリカ人は、マーケティングファースト(marketing first)と昔教えてくれました。

営業出身のトップは、起業のキモは、これだと肌でわかるんですが、私の場合、前述したように、マーケティングがポイントだと、認識したのは、開業してから10年も経っていました。

山ほど、マーケティングや具体的な営業の本があり、どれを読んでも、参考になります。

一から始めて大成功した経営者の本が、一番私には臨場感があり、ストーリーとしても面白いので、旬の経営者の本は、良く読むようにしています。

でも、多くはその旬は続かないのも真実ですね。

経営者の本の多くの共通項は、やっぱり、営業力が成功のコツだと良く分かります。しかも、泥臭い営業力です。

松下幸之助翁とか、稲盛和夫翁とか、経営の神様の本は私も多く読んでいて、もちろん大いに啓発を受けました。

でもいわば神様の本で、バーチャルです。

もう少し身近で、一から大企業に育てた、創業者の本は大いに参考になりますね。紹介する2冊の著者は、私も個人的に知っていますので、取り上げました。

「転がる石は玉になる―私の履歴書」
野田順広著　日本経済新聞出版社　2011年

これは、コンピュータビジネスで大成功したオービックの野田順弘会長が連載した、日経新聞の「私の履歴書」を単行本にしたものです。

これを読むと、創業期は24時間営業をし、営業戦争に勝利した様子が良く分かります。

例えば

「会計機はよく故障した。ある早朝、枕元の電話が鳴った。納入先のタクシー会社からだった。

『給料計算の途中で機械が止まってしもたんや。運転手が帰って来る時間までに給料をそろえなあかんのや。寝てはる時間いうことはわかってるんやけど、わしらは働いとるんや。いますぐ直しに来てくれへんか』

すぐに木村君へ電話して、タクシー会社に向かってもらった。

そんなこともあって二十四時間勤務のような状態が続いた。機械の保守が会計機を売る会社の『おまけ』と思われていたころではあったが、私は別な考えを持っていた。機械を売った時点で仕事が終わるわけではない。**顧客を満足させることを考え続けない企業はだめになる。**クレームを受けないに越したことはないのだが、もしクレームを受けたら対応が迅速であればあるほど顧客の信頼を得ることができる。これはビジネスの基本であると当時から考えていた。いまもそれは変わらない。」

「ある社員が客先の社長を訪ねてみると外出中だと言う。玄関先で待っていたら雨が降ってきてずぶぬれになりながら社長の帰りを待った。その熱意でデモができ売れることができた。」

「大量発注二十台。通常は午前九時始業だが、営業部隊には毎朝七時半に出社してもらって四階の寮で会議を開くことにした。」

「そこから戦略と戦術の中身が次第に見えてきた。」

●経営の合理化

「会計機を売る場合は『事務の合理化』が謳い文句だった。人がやる計算を機械にさせるから人員を削減できると訴えればよかった。だがコンピュータはそれだけではない。在庫管理、粗利計算、商品回転率、与信管理と経営に直結する事項まで処理できる。つまり『経営の合理化』にコンピュータがいかに役立つかを理解してもらうことが重要になる。高額な商品なので投資効率に触れないわけにもいかない。これがポイントその一。」

●不安の解消

「その二は、顧客の『買っても使いこなせるか』という不安を解消すること。大阪ビジネスはもともと会計機の操作方法を顧客に教える女性社員を養成し、『インストラクトレス』と呼んでいた。船岡ビルに移りコンピュータの操作を勉強してもらった。『我が社からコンピュータを購入していただければ、専門知識を持ったインストラクトレスを派遣し納得いくまでご指導いたします』。そう言って安心してもらう。」

保証

「納入後の故障や不具合に対する保証も欠かせない。会計機はよく故障した。私は保守・点検・修理をしっかりとやることで顧客が満足してくれることを学んでいたから、コンピュータを売る場合も、その点がポイントになると思っていた。」

売り先の業種、業態の理解

「四番目のポイントは、先方の業種や業態、業務の内容をちゃんとわかっていないと、営業が的外れになるということだ。こういう業種のこのくらいの企業規模なら、こんな悩みがあるのではないか。その悩みや課題をコンピュータはこのように解決してくれます、という具合に訴求する必要がある。」

実感

「最後は『実感』してもらうことだ。事務所に実機を据え、いつでも見てもらえるようにする。

『いいことづくめの話だが、売りたい一心で言っていることではないのか』と疑う相手があれば、すでにコンピュータを導入した企業にお願いして見学会を開き、ユーザーの本音を直接聞いてもらおう。

そして、ソリューション営業。

これらの営業の体験から、

『客先の悩みを聞きだし、共に最適な解決策を探る。そのことで相互に信頼が生まれビジネスにつながっていく。』

『今日のオービックが得意とするソリューション・ビジネスの原形になったことだ。』」

「東証一部上場銘柄9788物語」
西山由之著　ビジネス社　1995年

この本は、ダスキンの代理店で最大規模になった株式会社ナックの創業者で名誉会長の西山由之さんの小説風の書下ろしです。

これを読みますと、なぜ、数あるダスキンの中でナックがナンバーワンになったか、営業力がキモだというのが良くわかります。

学生アルバイトで、一気にシェアを取る。

こんな記述があります。

「学徒動員

ダスキンも少しずつ注文が取れだした。けれど、こんな少しずつでは一〇〇億やるのに一〇年掛かる。なんとかこのチンタラムードを脱出しなければ、一〇〇億はおろか一億だって、疑わしい。

そんなことを考えながらテレビを見ていた。ドラマは終戦記念の戦争ものだ。

学徒動員だ。

『うん? 学徒動員』

あのジャンヌ・ダルクも、今の自分と同じ二十六歳で大軍をひきいてオルレアンの戦いで激戦に勝利し、これを奪還、『オルレアンの乙女』といわれた。フランス中世の詩人・劇作家で『聖ニコラ劇』だったか『武勲詩』だったかで有名なジャン・ボデルだったかジャン・バルジャンだったか、西田(著者本人)の知識はまことにあやしい—

けれど。
『やっぱり大軍はおおかたその戦いに勝利する』――そりゃそうだ。
『学徒動員をしちゃえ』
思い込んだら西田の行動はすばやい。
学生援護会に行って広告掲載の依頼をし、返す刀で資金集めを開始した。
学生アルバイトを大量に雇うつもりなのである。

学生諸君に告ぐ！
金を稼ぎたき学究の徒は来たれ！
男女七歳にして席を同じうする職場なり！
日給三五〇〇円乞うご期待！

少し大時代なキャッチコピーを載せてみた。部下たちは、変だの、おかしいのと、全員が反対したけれど……。しかし西田は部下たちの、そういう進言を一切無視してあえて掲載してみた。それが当たった。

来た、来た。学生諸君大集合である。なんと七〇人も来てしまった。」

そして、

「福はうちー、鬼もうちーー」

お布施の原理

●「値決めが経営だ」

稲盛和夫翁は、「値決めが経営だ」と言いました。

伝統的な製造業の値決めは、コスト+アルファでした。それと叩き合いで売価が決まる?

それを、稲盛翁は、お客様が納得する「最高価格」で勝負しろと言うことですから、当時は画期的なことでした。

そもそも、売値は原価に連動しません。お客様が値段を決めるからです。

ブランド品の原価より、むしろ、そうでない商品の原価が高いことは往々にしてあります。

商売をやってみてこれはホントに良く分かります。

財布を変える

「値決めを変えたかったら、お客様の財布を変えないとダメだ」

ビジネスブックマラソン(BBM)の土井英司さんから、昔聞いてとても印象に残っています。

「値決めを変えたかったら、お客様の財布を変えないとダメだ」

お客様は商品、あるいは業種ごとに価値観を持っています。

ですから、同じ商品で値段を上げることは実に難しい。

ところが、財布が違うと、ウソみたいに気前が良くなったりします。

大昔ですが、私の事務所の一か月の顧問料と夜にお姉さんに渡したチップが同じでした。

私は伝票を見てその事実を知り、かっとなって、社長と大喧嘩をした経験があります。(笑)

でも、今思いますと、夜のお姉さんの価値は会計事務所以上だったのですね。

「知の大予言」

「情報の文明学」 梅棹忠夫著　中央公論社　1988年版

現在の知識社会、情報社会を予言した、私のマーケティングの師匠は、この「お布施の原理」です。

この理論は、京大の梅棹忠夫先生という天才学者の説です。

その著作の一つに「情報の文明学」がありますが、ここでは「お布施の原理」について書かれています。

これぞ、値決めの本質をついています。

1962年の論文でですよ。

そこでは、情報産業では、「原価計算は成立しない」と主張し、「お布施の原理」を主張しています。

「お布施の額を決定する要因は二つ。一つは、坊さんの格と檀家の格である。」

「お布施」を「ブランド」と置き換えると実に分かりやすい。

私は、勝手に「坊さんの格と檀家の量」と解釈しています。

言い換えますと、「価格はブランドと顧客数」本人はそんなこと言ってないと言うかもしれません。(笑)

この本は、コピーライターの大御所糸井重里氏が、文庫化された本の帯に
「40年前に書かれた『知の大予言』。」
という言葉を寄せたぐらいです。

「知的生産の技術」 梅棹忠夫著　岩波新書　1969年

も、大学院の時代読みまして、真似しましたね。

これも「情報整理」の草分けです。

トップマネジメントと経営書

トップとは？

トップマネジメントの本は、腐るほどあります。それこそ、何を読んだかは、記憶の外になっている場合も多く、並べると

「どれを読んだっけ？」

ということになりかねないぐらいです。

経営書を通して、私は、いいと思うと実践する方です。現段階ですが、私はトップマネジメントについて次の様に思っています。

◆仮説を立てる↓どこに行くか方向性を探す　↓戦略かな？

◆検証する↓実行と徹底をさせる　↓戦術かな？

そして、フィードバック。

それ以外は、余計なことはやらない。

トップは、結構現場を混乱させる余計なことをやってしまいます。

私もよくやります。ダメだなー(笑)

会社は理想的には、戦略だけがトップの仕事、具体的実行面は、幹部、部下の仕事と分業できればいいのですが、かなりの規模にならないとそれは困難です。

ですから、大多数の企業のトップは、ある時は本陣、ある時は前線でも陣頭指揮を執らざるを得ません。

そして、危機の時は陣頭指揮、これがトップの法則かな?

徳川家康が関ケ原で、危ない局面がありました。

その時、桃配山の本陣から前線に降りてきて陣頭指揮を執り、それが勝因の一つといわれています。

これだって、本からの知識ですものね。

戦略のコモディティ(日用品)化

「戦略と実行―組織的コミュニケーションとは何か」
清水勝彦著　日経BP社　2011年

私は、清水先生の著作は、好きで大体読んでいます。この本は、力作です。
ポイントは2つです。
1. この時代は、すぐ情報がとれますし、マネされます。
戦略は当たり前、うんとコモディティ化しました。戦略の差別化はうんと難しい時代です。
2. ですから、決め手は実行力次第です。
「日本でもビジネススクール、MBAがめずらしくなくなった今、『戦略』はむしろあって当たり前、なければマイナスの時代になりつつあるといってよいでしょう。」

「私は、こうした状況を『戦略のコモディティ化(日用品化)』と呼びました。そもそも差別化するための戦略が、どの企業も同じような情報を使って同じような戦略を立てるため、戦略だけでは差別化ができなくなっているという意味です。」

「どの国も、どの企業も、頭のいい人が集まって立派な『成長戦略』を掲げているのに、勝者、敗者が生まれるのは、戦略の本質を理解した『実行』が業績の決め手になっているということではないでしょうか。」

「ジェームス・デイモンは、『ありきたりの戦略をきっちり実行するほうが、すばらしい戦略を立てて実行につまずくよりもはるかに意味がある』と断言しています（フォーチュン２００２年7月22日号）」

「ありきたりの戦略をきっちり実行するほうが、すばらしい戦略を立てて実行につまずくよりもはるかに意味がある。」

「問題はそうした『当たり前のこと』がなぜできていないのかという点にあるのだと思います。」

「意思決定」だって、出発点にすぎない

「**経営意思決定の原点**」清水勝彦著　日経BP社　２００８年

この本も参考になります。

事業の決め手は、トップの「意思決定力」だといわれています。

私もそう思っていました。

「あの社長は、意思決定が早い」と言うと、確かに良い会社の様に、思います。

でも、それは、単に事業成功の必要条件の一つでしかないのです。

もっと言いますと、**経営にとっての意思決定は、単に「出発点」に過ぎません**。考えてみますと、経営の意思決定は、「将来」のことを、「やる前」に決めることです。意思決定は、ゴールではありません。

あくまで、**不確実な未来**に向けての出発点なんですね。その企業に、戦略が良くても、実行力がなければ、絵に描いたもちにしかすぎません。

私の経験では、企画力、戦略の組み立ての好きなトップは結構実行が苦手で、すぐ目移りし勝ちです。

かく言う私も目移りする性格のせいか、立てた戦略を実行し徹底することは、苦手です。

昔から私を知っている同業者には、

「本郷さんとこは、ユルイからなー」

と、からかわれています。(笑)
「これは終わりではない。終わりの始まりですらない。
しかし、始まりの終わりではあるだろう」
チャーチル(1941年11月2日イギリスがドイツ軍にエジプトで勝った時の談話)
チャーチルはすごい！(笑)

決断と統率力

「決断力なんて抽象的で少しも分からない。
右か、左か、やるか、やらないか。
人間これしかないんです。
そんなことを決断力という仰々しい文句を使ってみてもしかたがないと思う。
統率力も同じだ。多くの人間を協力させてある方向に力を出すことに成功すれば、
その結果として統率力があると言うことだが、要するに、統率力と言うのは結果だと

思います。」

「**獄中の人間学**」古海忠之／城野宏著　到知出版社　２００４年

実に分かり易い（笑）

欠点を直すのも経営

昔、有名な評論家が、「長所伸展」と良く言っていました。長所を伸ばせということです。成程なーと思って比較的、それを心がけてきました。長所は言い換えますと、好きなことですから、割と実践できるのですね。でも最近では

「それだけではダメなんではないか」

と、思うようになりました。

「欠点を直すのも経営」いや、欠点を直さないと、経営は進化しない」

遅まきながら、そう思うようになりました。(笑)もっと言いますと、直さなくてもいい。実行が好きな人と分業することです。

でも、その人とのコミュニケーションは、大事になりますが……。

「元インテルのCEO、アンドリュー・グローブは「自分の人生で最も役立ったアドバイス」として、大学の恩師に何度も言われた次のような言葉をあげています。

「もし、みなが口をそろえて『知っている』といったとすれば、本当に誰もよく知ってはいない

(When everybody knows that something is so,it means that nobody knows nothing.)」

「戦略と実行―組織的コミュニケーションとは何か」
清水勝彦著　日経BP社　2011年

私の意思が幹部にも伝わらないことは、山ほどあります。

「分かりましたは、分からない時の言葉」

私はいつもそう思っています。

経営は実行

●伸びるトップの共通項

「熟慮し、配慮し、遠慮する」これは、役人を揶揄った言葉です。

経営者は真逆にやればいい。

私の独断と偏見で言えば、起業の成功のコツは、「行動力」です。

優秀、営業力等いろいろな意見はあるでしょうが、行動無くして、何も生まれません。

「私たちの弱点は無知ではない。何もしないことである」

「行動は不安を消去する」

「道は開ける」 D・カーネギー著　田内志文翻訳　角川文庫　2014年

私の経験でも、できる社長はともかく行動が早い。

良いと思うと、あるいは、良い会社があるとすぐ見に行きます。琴線に触れますと、明日には実行しています。

私は、過去2回大きなベンチャーブームを経験してきました。

一度目は、確かCSKの大川オーナーの時代かな？（古いですね。（笑））

二度目は、ヒルズ族です。

一度目は、若かったので、よく解りませんでしたが、ヒルズ族は身近に見られました。

当時の成功者の共通項は、やはり行動力だと思っています。

●頭のいい人が行動すれば強い

「昔、頭の良い人は営業に向かない」

こんな様な本を読んだ記憶があります。

なぜって?

「頭のいい人はまず、この顧客は買うかどうか、訪問する前に考える。シミュレーションします。そして、この顧客は、こういう理由で買わないだろうと、結論します。行くだけ無駄だ、行かない、こうなるから営業は不向きだ」

行ってみないと分からないのが、真実ですから、最初から何もしなければね。(笑)

ｄｏｅｒ(行動者)たれ!

逆に言えば、頭のいい人が行動すれば、強い!

そして、腰が低い人。この人にはかなわない(笑)

実行の難しさ

「〝戦略二流〟でも、〝実行力一流〟なら良し」

戦略一流の企業と、実行力一流の企業。

この二つの企業が闘ったとき、勝つのは間違いなく後者です。

戦略を考えることももちろん重要ですが、実行に移せなければ意味がありません。

「無印良品は、仕組みが9割——仕事はシンプルにやりなさい」 松井忠三著　角川書店　2013年

これは売れた本ですね。今、良品計画のマニュアルがひっぱりだこだそうです。
前述した様に、ベンチャー企業成功のポイントは、社長の実行力です。
でも、成長したベンチャー企業の多くは、必ず成長の壁にぶつかります。
社長の実行力が衰えたからでしょうか？　そうではありません。
当然ですが、人が増えますと、実行力が鈍ります。
社長の実行力だけでは、限界があります。そこでどうするか？

「実行力」を「企業文化」とする

これは、

「経営は『実行』～明日から結果を出すための鉄則」
ラリー・ボシディ／ラム・チャラン著　高遠裕子翻訳　日本経済新聞社　2003年

のくだりです。

企業文化にするためには、能書きを言ってもダメで、「企業文化にする『具体的仕組み』」を構築しないと企業文化として浸透しません。

「社員の価値観を変えようとするより、具体的な行動に影響を与える考え方

→研修や経験、リーダーの言動、報酬の仕組み」

を変えないと行動が企業文化になりません。

それと評価ですかね。経営者のねばりと執念もとても大事です。

伸びた会社の共通項＝「若返りと権限委譲」

毎日のように同じ人に会っていますと、変化に気がつかないのは、言うまでもありません。

でもしばらく間をおいて会いますと、とんでもない変化に驚きます。

まず、同級生。

お互いに老けますから、たまに会いますと愕然とします。

「お互いに、変わらないね」の挨拶は、とても悲しい挨拶です。（笑）

会社も一緒です。

間をおいて、訪問した会社の変わりように愕然とすることも、しばしばありました。でも悲しいのは、他社は見えても、自社は見えないことです。自分も年をとりますし、幹部も同様に年をとります。

しかし、伸びてる会社は違います。

その、共通項は簡単です。いつの間にか若返りしています。

社長だけ見ていると分かりませんが、働き手がいつの間にか、大幅に若返っています。業種はオールドエコノミーでも、なんでもかまいません。むしろ、古い業種の方が効果があります。

どんなに成功した企業でも、若返りは不可欠です。でも、必ず抵抗勢力は存在します。若返りの敵は、むしろ内部です。

私の好きな言葉。

「平氏を亡ぼす者は平氏なり。鎌倉を亡ぼす者は鎌倉なり。」

徳川家康が言ったとされています。

誰に仕えたいか？

『シーザーに学ぶ将たるものの条件』「歴史に学ぶリーダーの研究」
渡部昇一著　致知出版社　2011年

●リーダーシップは、論じるんだが……。

経営書の中で、一番面白いのは、個人的には、やはり、リーダーを書いた本であり、すぐれた経営者自身が書いた本です。

小説的に読めますからね。

でも、仕える側から、どんなリーダーなら、仕えてみたい、こんな視点の本はなかなかありません。

私の好きな先生ですが、早稲田のビジネススクールの内田和成教授がいます。

彼のネット授業で、リーダーシップ論をやっていました。

成る程なーと思ったのですが、

「織田信長、豊臣秀吉、徳川家康」を比較して、どのリーダーに仕えたいかを、しゃべっていました。

（もちろん歴史上の人物ですので、実際会ったわけではないのですが。）

単純に言いますと、信長は変革期のリーダー、秀吉はまとめのリーダー、そして家康は安定期のリーダーです。

私個人的には、信長に仕えたいと思うのですが、おちおち眠れないという不安もあります。いつ首を切られるか分からない（笑）

それでも、毎日新しい、創造的破壊をやっていますから、やはり興味があります。

●シーザーに仕えてみたい

しばしば偉大なリーダーは富士山に例えられます。

「遠くから見ているとキレイだが、近くは生々しい」

普通の人ではありませんから、近くの人は大変だという、陳腐ですが、有名な言い伝えです。

「エンジンも強力だが、排気量もすごい」これも偉大なリーダーを揶揄した言葉です。

さて、古代ローマのシーザーは、仕えてみたいリーダーだったといいます。

その主な原因は、「機嫌のいいリーダー」だった。

これは、渡辺昇一先生が書いています。

シーザーはいつも機嫌がよかったといいます。

引用しますね。


「若いときのシーザーはどんな人だったのかというと、これが非常に重要なことなのですが、まず『機嫌のいい人』だった。終生、機嫌がいい人で、『叱るけれども怒ることはない』と言われています。たくさんの兵隊を使いますから、『だめではないか』と叱ることはあります。しかし怒ることはない。機嫌はいつも上々。」


シーザーの伝記を読んだ日本のエライ人ですが、「この人(シーザー)に仕えたい」と言ったそうです。

そうですよね。ヒトラーなんか、しかめ面の写真しかありませんものね。

機嫌が良くても、暗殺された!

●布団をかぶって誰とも会わない

私もリーダーの端くれですから、成る程なーと思いますね。
私の座右の銘にしています。
「**機嫌の良いリーダーたれ！**」(笑)
リーダーは、ソーウツ質が多いでしょうね。ですから、ウツの時どうするか？
私もソーウツの気があります。大いにあります。(笑)
私が心がけていること。
単純です。ウツの時は、できるだけ人と合わない。
布団をかぶって寝るのが理想ですが、なかなかねー。(笑)

組織と経営書

組織論

私が最初で最後の勤務をした、監査法人で仕事をしていると、当時監査法人のエライ人が作業現場にみえることが、しばしばありました。

エライ人は現場での仕事が特にありません。

打ち合わせを終えると紙を取り出し、必ず組織図を作っていました。消しゴムを駆使して、とても熱心に組織図をいじっていました。どうしてこんなに熱中するのかと思い、エライ人に聞きました。

「そりゃ君、将棋の駒を動かすようにワクワクするね。」

今でもそのことは、忘れません。人事は面白く、そして権力の甘い蜜。

さて、組織論だけは、私はあまり読みませんでした。

堺屋太一さんが言われるように、

「組織論は取り残された領域」

と言うのが本当かな?

「人間社会においてきわめて重要な役割を担って来た組織の研究は、驚くほど少ない。……現在に至るも組織史の体系的専門書は皆無といってよい。」

[「組織の盛衰」(後述)より]

でも、組織論は企業経営のキーポイントです。

とても、重要なんですけど……。

「組織は戦略に従う」

「**組織は戦略に従う**」

アルフレッド・D・チャンドラーJr.著　有賀裕子翻訳　ダイヤモンド社　2004年

買って読んでない本は、多数あるが、この本もその一つです。ただ、歴史的組織論の教科書なので、触れないわけにはいきません。

「チャンドラー(Alfred D.Chandler Jr.)はアメリカ、ハーバード大学経営学の教授で、経営史の研究家として知られる。1962年に発表された『経営戦略と組織』において、『戦略が組織を規定する』という有名な命題を導き出した。

チャンドラーは、アメリカ企業5社の歴史的研究を通じて、アメリカ企業の戦略と組織の関連には段階的な発展の順序があることを発見した。企業の戦略プロセスを、①量的拡大②地理的拡散③垂直統合④製品多角化の4つの段階に分け、プロセスの発展段階としての流れを以下のように明らかにした。

①量的拡大→管理部門の発生
②地理的拡散→地域ごとに立地する現業組織の発生
③垂直統合→開発や生産等の垂直職能を統合化することによる職能性組織の生成
④製品多角化→事業部制組織の導入

チャンドラーは、上記のような戦略プロセスの違いに応じて組織構造が変わっていくという現象から、『組織は戦略に従う』という有名な命題を導き出した。チャンドラーの影響を受けて、多くの企業が職能別組織から事業部制組織へと転換していった。」

［以上ネットより］

確かにチャンドラーの話はとても分かり易い。成程と思います。私もその呪縛から抜け出せず、戦略を変えますすと、組織をいじります。

でも、はたしてこれでいいんでしょうか？

最近では、否定的な意見も聞きます。

まず戦略↓組織。ここまでは、簡単です。バーチャルに行けますから。

でも、次に「人」が来ます。

いくら戦略が立派で、それに基づいた組織図を作っても、そのリーダーがアホだったら、機能しませんものね。

そもそも、そんな人材が豊富にいません。

最近では、人からのアプローチの組織論を言う人もいます。

組織の盛衰

「組織の盛衰～何が企業の命運を決めるのか」
堺屋太一著　ＰＨＰ研究所　１９９３年

私は堺屋太一さんの本が、大好きで、随分読みました。

その中でも、本書は、とても印象に残っている本です。若いときに夢中で読んだ本のひとつでもあります。この原稿を書くために、又読み返してみました。今読んでも、古くなくおもしろい。一読を進めますね。もし一読した方も、読み返してみてはと思います。

余計なことですが（笑）

本書では、組織を「機能体と共同体」に分けて考える。そもそも目的が違います。

機能体は、企業、官庁、軍隊で、特定の目的の達成が狙い。例えば、企業は利潤目的です。

一方、共同体は、家族、趣味の会で、構成員の心地よさを求めます。

そもそも目的が違います。

ところが、その機能体が当初の目的を忘れ、組織防衛に走ります。

共同体化してくるんですね。

すると、組織の衰退と腐敗が始まります。

「機能体の腐敗過程」を今の日本の平均企業と置き換えますと、これなんか、現在の終身雇用と年功序列の問題点を先取りしていました。

トップは、絶えず、機能体であることを意識しないといけない。

私は、大変参考にしています。


「よい組織とは、大きくて、固くて、強い組織である。でもこれらは相互矛盾する。」


経営とは、矛盾のマネジメントだと喝破した経営者がいます。

経営は、止揚(アウフヘーベン)でもあります。でもひとつ止揚すると、又矛盾が生じます。

組織は、又、老化との戦いでもあるのかな?

組織に正解がない~環境変化に柔軟に対応する

私も経営者の〝はしくれ〟ですが、マーケティングとか、外部要因については比較的解決がつけ易いし、又答えがすぐ出ます。

それに比して今まで一番頭が痛かったのが人の問題と、どんな組織が良いか？ということでした。

言い換えますと、例えばどんな組織がベストか？などというような内部要因の方が正解がないだけ大変です。

ですから、環境変化に柔軟に対応することが、答えかもしれませんね。

三の法則

「アメリカ海兵隊式経営～最強のモチベーション・マネジメント」
デビッド・H・フリードマン著　白幡憲之翻訳　ダイヤモンド社　２００１年

●三つにまとめろ

私が若い頃、先輩にいつも言われたのが、この言葉でした。その時は、そんな単純でいいのかなと、思っていたのですが……。

最近では、やはり合理性があるなと、実感として思うようになりました。

なぜ3つか定かでありませんが、2では単純、4以上では、覚えられないから?

組織論も「三点法則」

アメリカ海兵隊に三点法則というのがあります。

とても実践的で、組織を考えるとき、参考にしている本です。

最強と言われていた、アメリカ海兵隊は、三を基準に動いています。

まず、各隊員は「三点の事柄に集中すべきだ」これが、行動基準です。組織も三人で動けるような組織になっております。伍長は三人の部下を持ち、その上の少尉は、三班からなる小隊を率い、さらに上の大尉の指揮下には三小隊からなる中隊が置かれているようです。

これを経営理論に生かしている会社も多くあります。

ちなみに弊社の組織も、3人を基準にしています。

プラトンの三分類

「ローマ人に学ぶ」木村凌二著　集英社　2012年

横道にそれます。(笑)

大哲学者プラトンは、人間を「知を愛する人」「勝利を愛する人」「利得を愛する人」の三つの種類に分類しました。

では、どれが最終的に強かったのか?

ギリシャ「知を愛する人」

ローマ「勝利を愛する人」

カルタゴ「利得を愛する人」

このようにあてはめますと、最後、世界を制したのは、ローマです。

ローマは1200年も続きましたものね。

(では、「知」も「勝利」も「利得」も愛する人はどうなるんだろうか?(笑))

ちなみに、「ローマ人に学ぶ」の本の中に次の記載があります。


「ローマ人はしばしば『獅子を将軍とする鹿の軍隊の方が、鹿を将軍とする獅子の軍隊よりも、恐るべし』と言っていた。」

「子どもを不幸にするいちばん確実な方法はなにか、それをあなたがたは知っているだろうか。それはいつでもなんでも手に入れられるようにしてやることだ（ルソー）」
「われわれは短い時間をもっているのではなく、実はその多くを浪費しているのである。人生は十分に長く、その全体が有効に費やされるならば、最も偉大なことも完成できるほど豊富に与えられている（『人生の短さについて』セネカ）」

超現場主義

私は、この言葉が好きです。超が良い（笑）
以下の原則のいくつかができれば、企業として十分合格点です。

【アメリカ海兵隊マネジメント原則】

1. 70％の解決を目指せ
2. 命令は単純かつ明確に要約する
3. 組織の能力に応じた目的を見つける

4. 環境変化のスピードと複雑さについていけ

5. 三点法則を使え

6. 現場で判断できる権限を与える

7. 最前線の小チームを重視する

8. 特別任務は、それに特化したMAGTFでおこなう

9. 厳しい試練をくぐり抜けてきた者を採用する

10. 猛訓練を課す

11. あらゆる意思決定のパターンに精通する

12. 広範なジョブ・ローテーションをおこなう

13. 目標を指示する。やり方は指示しない

14. 組織の全員に知性を求める

15. 失敗を奨励する

16. 人事関連ポストの魅力を高める

17. 現場の人間を尊敬する

18. 部下に率直な意見を期待・要求する

19. 仕事に役立つ価値観を共有する
20. 対立概念のバランス感覚を磨く
21. 構成員としてのアイデンティティを確立する
22. 自分の長所で敵の弱点を突け
23. 先手を打て。敵の意表を突け
24. 速いテンポで動け
25. 計画は単純にし、変更しやすくする
26. 原則は守れ。だが縛られるな
27. 変化を恐れるな
28. ハイテクを駆使して戦え
29. ローテクに熟達しておけ
30. 外部から学べ

歴史から経営を学ぶ

歴史上の人物を経営の切り口で見るのも私は好きで、これらの本も大分読みました。ここでは、メモに残っている本を書いてみました。

●強みを弱みに変える

「1人で100人分の成果を出す軍師の戦略」
皆木和義著　クロスメディア・パブリッシング　2014年

黒田官兵衛を経営者と見ますと……。高松城の水攻めは、敵の強みを弱みに変えた戦略です。「備中高松城は平城であるが、深田や沼沢の中にかこまれていて人馬の進み難い要害の城であることが敵の強みである。」でも、水面との差が4メートルしかなかった。それで、巨大な堤防を築き、水攻めにして、城を水没させる戦術にでました。

結果は、ドラマの通りです。

必ず弱点があるのも経営

経営も一緒だなー。

強みは、弱みでもあるのです。

毎日運動会をやっても、潰れないと言われるぐらい、キャッシュリッチの任天堂は、金持ちゆえの低迷が続いています。(これはあくまで、私個人の感想ですが)

バーバリーとの契約打ち切りで、キャッシュリッチのアパレルの三陽商会が、この危機をどう乗り切るか注目です。(経営雑誌では、金持ちゆえに危機感がないとネガティブな記事が多いのですが……。)

「強みを強みに変える」

この一番の企業は、富士フイルムです。

昔は、高樹町の貯金箱と言われるぐらい、金持ち企業でした。(旧本社が高樹町にありましたから。)

でも、見事変身しました。

キーワードは、危機感でした。

古森CEOの、「新日鉄が鉄が売れなくなったらどうする？ トヨタが車が売れなくなったらどうする？」

ごく有名になりましたが、この危機感です。

経営は戦争 ～トップは絶えず、戦乱の時代を思い出す

日本の美の定点観測者、作家の白洲正子さんは、常々言っていたそうです。

「室町時代のお能やお花が一斉に花を開いたのはなぜか、わかる？

室町は戦乱の時代でしょ。

いつ殺されるか、わからない。

みんな、明日は来ないかもしれないって、思ってたのよ。

命がけだったから、凄いものが作れたの。

あんたも、明日は来ないかもしれない。

そう思って、書きなさい」

［マグナカルタVol.01川村二郎WINTER2012年］

グローバルには戦乱時代、日本国内は平和です。
私個人的には、こんな時代だと思うのですね。
だから、グローバルでは負けてしまう？
戦乱を思い出し、戦う、こうしないと凄い経営が出来ないかもしれない。

「平和とは次の戦争に勝つための準備期間である」

「闘え、日本人―外交とは『見えない戦争』である」
日下公人著　集英社インターナショナル　2005年

●織田信長と武田信玄の違い～人材を集める

「三国志の人間学」城野宏著　竹井出版　1984年

織田信長と武田信玄の違いは、**人材を集めた差**だったといいます。

織田信長は、それこそ豊臣秀吉はじめ、出自も関係なく全国からどんどん人を登用した。

一方、人材を集めなかった英雄の代表は、武田信玄です。

武田信玄は、ほとんど昔の家臣に乗っかって、しかも人材開発もしていなかった。

例えば、大久保長安という有能な家臣がいましたが、彼を能楽者としてしか使っていない。

後に徳川家康は、彼を登用し、佐渡金山の開発に使い、経済的基盤を作った。

織田信長がえらいのは、家臣を集めるだけでなく、どんどん抜擢人事をし、権限委譲もしていったことです。

さらに、抜擢人事した人物自身に人を集めさせた。例えば、明智光秀は、素浪人で雇ったわけですので、たった一人からの出発です。

それが、最後は、2万人の兵隊ですものね。

豊臣秀吉だって、竹中半兵衛や黒田官兵衛を登用しました。

「人間を尊重して使い、しかも抜擢が出来る」という環境は、戦略的拡大の基本です。人材を集めたものが、発展し生き残るのは、戦国時代も現代も変わりません。人材を集めるためには、経済的基盤をもたなければいけないんですけどね。

心に残る著者の言葉、その人生

城野宏さん

●天才

本の著者とは、皆さんも同様でしょうが、あまり、直接の面識がないのが普通です。

それでも、一度は会ってみたいと思うような、著者に出会うことがあります。

私の経験では一度会ってみたかった人が、城野宏さんです。（残念ながら、私が知った時は故人でした。）

あまり、知られていませんが、
その人生を振り返ってみただけでも、間違いなく天才です。

●終戦後（太平洋戦争の後）も、毛沢東と戦った

中国山西省で、野戦軍を指揮し、あの毛沢東（中国人民解放軍）と3年も戦った人です。中

国山西省独立のための戦争をしたんですね。しかも、日本が敗戦した後です。半端な戦いではありません。

その戦いの根拠がおもしろい。当時、蒋介石の国民軍と毛沢東の人民軍が対峙していましたから、自分を入れると三国志になると、三国志に倣って戦争した。ところが、蒋介石が敗れ、一国志になってしまった。

それで、敗戦。山西省首都太原落城で、捕虜になり、15年の監獄生活のあと、釈放。

脳力開発

その後、帰国し事業に成功。傍ら、経営コンサルタントとして、主に、脳力開発の仕事をして、昭和60年（1985年）に死去しました。私も何冊か読みましたが、どの本も、読みやすく、面白いですね。その思考の基本が、何が無くても、「頭を使えば何でもできる」です。

山西省の戦いは、資源を守る戦いでした。（山西省は、石炭の産地です）

でも、日本に帰国して、焼け野原から、復興する様を目の当たりに見て、そう思ったのでしょうね。

「日本人はなにもない中から、現在の栄えた経済を作り出した。
その為には(日本人は)、頭をすごく使っている。
それが、日本経済発展の基本である」

「城野宏の戦略行動学　上下巻」 城野宏著　ソーテック社　1986年

考えて見なくても、不況だ、先が見えない時代だって言ったって、今は、終戦後に比較したら、なんでも揃っています。

自社の資源だって、当時に比較しますと、なにがしかは、あります。

泣き言は、いえませんよね。自分に言い聞かせています。でもすぐ安易に流れるダメな私(笑)

●失恋したらすぐ新しい恋人を作れ

書棚を整理しながら、前述した城野氏の本を読み返してみますと、つくづく天才だなと思ってしまいます。

今読んでも古くありません。

何しろ政治犯で、中国で投獄され、獄中で三国志を、捕まった人達相手に中国語でしゃべったという人です。

「失恋したからと言って、その女のことを忘れようと思っても、人間の心理構造から言って経験したことは忘れられるものではない。

失恋したときは、要するに新しい女に惚れることが一番だ」(同書)

この言葉は、若い人に贈ります。(笑)

船井幸雄先生

●一流になりなさい、それには一流と思うことだ

これは、この前亡くなった、船井幸雄先生の言葉といいます。

「思いが実現する船井幸雄の60の言葉」佐藤芳直著　マガジンハウス　2006年

まず、思わなければ、当然ですが、なれませんものね。

私も個人的に、船井先生には、面識がありましたし、著者の佐藤さんは、優秀なコンサルタントであるとも、聞いておりました。

懐かしさもあって、この本を買ってみました。

●成功の三条件

●勉強好き
●プラス発想
●素直

これは、船井先生の最も有名な言葉です。

成功する人間の（経営者）共通の条件だと定義していました。

これも、若い時聞いて、自分にあてはめ、

「この条件を満たしているだろうか？」

と考えたこともあります。

当時、私も船井総研の人と、結構面識がありまして、異口同音に皆さん言ってましたね。一種、船井教？

この三条件は、クライアント向けというより、社員掌握力なのかなと、思って感心したこともあります。

それでも、この本で、初めて聞く言葉が大半でしたね。今、聞いても参考になります。

「成功する人間は成功する性格があるものだ。能力で成功するのではない。」

「基本ほど難しいものはないよ。でもそこで差がつくんだぞ。」

それをもじると

「習慣ほど難しいものはない、そこで差がつくんだよ」

かな？

良い挨拶、笑顔、これなんかも習慣づけなんですが、やり続けるのが難しい。

「人間は些事で判断される。」

ゴルフのスコアーをごまかすなんてことは、あっという間に広がりますものね。（笑）

「マクロに大局をつかみ、ミクロの行動しなさい。」

倒産からは悲しみをもらう～井植敏さん

「会社が消えた―日三洋電機10万人のそれから」
大西康之著　日経BP社　２０１４年

私は経営者の本が好きです。できるだけ、旬の経営者の本は読むことにしています。
でも旬を長く続けられる企業が少ないのも事実。

●赤から青へ

赤いＳＡＮＹＯマークが、青いパナソニックに変わった現場で、元三洋電機の社員はどう考えたのか？　話題の書でしたが、なかなか面白かったですね。

10万人の組織でも、潰れる？

しかも、10年前は、ナニワのウェルチと呼ばれていて、なぜ、ダメになったのか？

こんな時、私は、会社というより、経営者に興味があります。

先見性は、抜群

井植敏社長（当時）は、ハイアールのすごさに、着目して、いち早く合弁しました。シャープが、そのすごさに気がついたのは、それから、10年後だったといいます。

東南アジアに目を向けたのも、家電メーカーとして、早かった。

そして、ウォルマートとの提携。

本書によれば、「先を読む力」が、井植さんはあった。将来性のある、太陽電池の技術も他社からグンを抜いていた。

でも、なんで負けたんだろうか？

●大きな流れに棹させない

昔、やはり大きな倒産がありまして、当時のオーナーから、

「どんなにあがいても、大きな流れには棹させない。個人の力は無力だ。」

こんな話を聞いたことがあります。

いろいろ負けた理由が、あるのでしょうが、私は、

「大きな流れに負けたんだ」

と思うんですね。

異論はあるんでしょうが。私はそう思うんですね。

古森CEO

●会社は必ず儲からなくなる

「魂の経営」

富士フイルムホールディングスCEO 古森重隆著　東洋経済新報社　2013年

前述しましたが
「車が売れなくなった自動車メーカーはどうなるのか。」

「鉄が売れなくなった鉄鋼メーカーはどうすればいいのか。」

このことを富士フイルムの中興の祖、古森CEO は、若いときから絶えず、社内で言っていたそうです。

私は、この言葉が大好きです。

社内では、

「税金がなくなったら、どうする?」

と問いかけているのですが……。

企業は、環境適応業です。

自社の商品が市場環境に合わなくなりましたら、どんな優良企業でも、すぐ没落します。しかも、そのダメになるスピードの速さは、昔に比べられなくなるほど早くなっています。一世を風靡した、ヒルズ族が、今どのくらい残っているのでしょうか?

古森CEOは、経営者は、「現実を見る勇気が必要」と述べています。また、危機を乗り切るためには、「決断と挑戦」が必要だとしています。


［「週刊ダイヤモンド」2014／3／1］

富士フイルムの話は、有名ですので、これ以上書きません。

でも、経営者は、

「会社は儲かっている時がピークと思い続けること」

が、とても大事かな?

必ず、儲からなくなるのですね。

わが、会計業界は、50年は売り上げデフレが、続いています。それでも、50年前のビジネスモデルが、続いている不思議な業界ではあるのですが……。

ジェフ・ベゾスさん

●未来は予想するより創るほうが簡単である

アマゾン創業者のジェフ・ベゾスさんの本を読んでいたら出てきた言葉です。

「ジェフ・ベゾス果てなき野望」
ブラッド・ストーン著　井口耕二翻訳　日経ＢＰ社　２０１４年

これは、アメリカのコンピュータ科学者アラン・ケイの言葉だそうです。ネットでは、「未来を予測する最善の方法は、それを発明することだ」と出ていました。私は知らなかったのですが、アラン・ケイは、コンピュータが、メインフレームの時代、「パーソナルコンピュータ」という言葉を作った人でもあるそうです。

彼は、「ダイナブック」型になると予測したそうですから、すごい。まさに、「未来は、一行の言葉からも生まれる」んですね。

ジェフ・ベゾスは、アラン・ケイの言葉を好んでつかったそうです。

「視点は、ＩＱ80点だ」（新しい角度から見ると、よく分かる）

ジェフ・ベゾスも、未来を予測するより、創造した人なんでしょうね。

私もアマゾンは、オンラインの本屋とつい最近まで思っていました。でも、コンセプトは、「エブリシングストア」ですものね。ネットは、無限に品揃えができる。

本は、どこで売っても一緒で、返品がないので、ネットショップに最適と思ってまず本から始めた。

これも、知ったのは最近です。（笑）

アマゾンは、アマゾン川から取ったそうです。

アマゾンは、Ａから始まる。そして、世界最大の川だ。

言われてみると、ネーミングも、すごい。

母は強し

「日本一強いスーパーヤオコーを創るために母がくれた50の言葉」
川野幸夫著　産経新聞出版　2011年

私の経験では、成功者の原点は、父親より母親の方が強いような気がします。

川越発祥の、日本でもトップの食品スーパーヤオコーさんの話です。

こんな母親に応えた、川野オーナーもすごいですが。

川越のおしん物語かな？

一度現場を見たいと思い、川越の一番店を見学しました。

現場を見て感じたのですが、えらいのは、言うだけでなく、毎日実践していたことです。

私は、弊社で、「事業は製造業に、サービスは小売に学べ」と常々言っています。

BtoBのサービス業は特に、小売のつめの垢を少し飲んだだけでも、十分差別化ができます。

その時いただいた本の中から、その抜粋を紹介します。


「会社を支えてくれるお客さま一人ひとりを大切にしよう」

「世間は『会社全体』を見て評価する

『商品は良いのだけれど精算のときのレジの対応が悪い』

とか、

『どんな商品かと聞いても、わかるように説明してくれなかった』

とか、

『あの社員のほうが悪いのにあやまらなかった』

とか、

『すれちがっても挨拶もしない』

とか、お客さまは店全体をトータルで評価しています。」

「会社も自分も今日は昨日のままであってはならない

万物は日に日に新たになり、世の中は刻々と変化しています。

こうした激しい世の動きに機敏に対応し、より良い道を拓いていくためには、

やはり私たち自身が日々新たであるよう心がけなくてはなりません。」

「お客さまは毎日新しいことを求めて来店する

お客様の求めているものは、私たちサービス業における日々の活動の革新なのです。

自分（お客さま）の行く店が去年よりも今年、先月よりも今月、そして昨日よりも今日、自分たちのほしい商品なり、期待するサービスがあると感じられる状態にあるかということです。」

「お客さまの『まあまあ』は『まだまだ』の意味」

「ライバルに勝つためには「返事べっぴん」になろう

1996年になくなりました、女優でエッセイストの沢村貞子さんという方の、『私の浅草』（暮らしの手帖社）という随筆のなかに、『返事べっぴん』のことが書いてありました。

その子はパン屋さんの娘さんだそうですが、明るくて親切な娘さんのお陰で、その店はお客が絶えなかったそうです。

『ほんとにいい娘だよ、第一、返事がいい、ああゆうのを、返事べっぴんって言うんだね。』と書いています。

とりわけ美人でもないのに『明るい挨拶』、『明るい返事』のお陰で、その娘がとてもきれいだという評判なのだそうです。」

「お客さまの数はコミュニケーションに比例する

●『売り手の便利』は『買い手の不便』

●価格以外の魅力はあなたの『小回り』にかかっている

●仕事を楽しめる人が増えれば会社は発展する

●教育や躾を怠る会社は大きくなれない

「明るい職場、良い企業の基本はやっぱり挨拶

当社でも会社が小さかった頃から私は難しい理論を云々する前に、

『まず挨拶がしっかりできることが先だ』

と常に言ってきました。

非常に簡単なことのようで実に難しいのが挨拶ではないでしょうか。私も今まで大企業をはじめいろいろな企業の多くの皆さまにお会いしてきました。気持の良い明るい挨拶をされる方もあれば、直接関係のない方から一礼を受けて恐縮したこともあります。しかし中には、こちらから挨拶してもロクに応えていただけない人もいました。

こういうなかで、きちんと挨拶ができる人びとが多くおられる企業が、発展しているという事実は、やはり挨拶ができることから大切なことがどんどん実践できる企業になるのではないでしょうか。皆さんも、仲間同士で顔を合わせても知らんぷりという場にぶつかることもあると思います。はたで見ていても嫌な気持ちですね。挨拶には上も下もないのです。

やはり挨拶は明るい職場づくり、良い企業づくりの基本なのです。」

「幸せになりたい」と思ったら感謝の気持ちを持とう」

「『自分なり』に頑張っただけでは評価されない」

「プロになりたいなら仕事を『天命』として受け止める」

「自分が成長しなければ会社も成長しない」

「変化を乗り切る方法は自分の頭で考えるしかない」

等々

経営者という選択

犬も歩けば

「ヤバい経営学―世界のビジネスで行われている不都合な真実」
フリーク・ヴァーミューレン著　本木隆一郎／山形佳史翻訳　東洋経済新報社　2013年

●ビジネスの成功は、運しだい

身も蓋もないことだが、ビジネスの成功は、狙ったより、偶然とか、運に大きく左右されます。

例えば、

●ヤマト運輸

最大顧客先に無理難題を言われ、又、オイルショックで、トラック運送事業に行き詰まり、法人向け（B to Bビジネス）を離れ、個人向け（B to Cビジネス）にシフトし、宅配事業に成功する。

●トヨタ

自動車工場を視察に行き、そのアメリカで、スーパーマーケットにヒントを得て、カンバン方式を作り上げた。

●サウスウエスト航空

航空業界の競争激化の結果、飛行機を一機売却せざるをえなくなり、機材が四台から三台で同じ路線を運航しなくてはいけなくなったこと。これが、ローコストキャリア（LCC）というモデルを作りだした。

●イトーヨーカドー

ファミレスを見にアメリカに行き、コンビニを見つけ、それが、セブンイレブンの導入の始まりでした。

経営者は、まず行動そして、感度！

カガミの向こうに何を見たか？

結局、合理的な経営分析とか戦略というより、偶然と幸運で成功をつかみ取る力が、ビジネスの成功をもたらす例が多いのも事実。

でも、ここからが本題です。

チャンスは、誰でもあります。

コンビニを見たのは、イトーヨーカドーの経営者だけではありません。

当時でもいっぱいいた筈です。

でもそれを見て、チャンスとして、実行できるかどうかは、これは、経営者の才能なんですね。

もっと言えば、その前に行動しなければ、そんな幸運にもぶつかりません。

ということは、「犬も歩けば……」ということになりますが。

ことわざのように、災難にも遭いますが。(笑)

ＩＴは、市場を見える化する

「ダントツ経営—コマツが目指す『日本国籍グローバル企業』」
坂根正弘著　日本経済新聞出版社　２０１１年

ＩＴ化

ご存知のベストセラーです。私の興味は、コマツの商品（ブルドーザー）のハイテク化でした。コマツが有名になったのは、コムトラックスです。「コムトラックス」で市場を「見える化」しました。コマツのすごさは、ＧＰＳを駆使して、販売した機械の見える化に成功したことです。やはり、ビジネスのキーワードは、ＩＴ化ですね。

市場の見える化は、セブンイレブンを始め小売では、随分前から始まっています。メーカーでもできるんだと思ったのは、衝撃的でした。まだまだ、他でもこれはできていない業界が多いですもんね。

「ＩＴによる市場の見える化」は企業の取り組む課題ですし、「コムトラックス」の発想は、現場からだったそうです。

現場からの発想……これを見てもすごい会社ですね。

コムトラックスの仕組みとは？

本書から抜粋します。

「位置情報や稼働時間、稼働状況などを送信
通信衛星→稼働時間や燃費の管理、盗難防止
　→債権管理、在庫管理
　→稼働情報に基づいた生産計画策定
　→稼働情報の分析、需要予測」
「建設機械に取り付けた機器から、車両の位置や稼働時間、稼働状況などの情報を送信、本社や工場、代理店、顧客は、通信衛星経由で送られてくる稼働情報をもとにオペレーションを行う。」

もう一つ重要なことは、「機械の稼働状況から先行きを予測できる」ことでした。ビジネスにデータは重要です。

●全体最適は、トップの仕事

「部分最適が横行しやすい—日本の弱みまた、ミドルやボトムなどの現場に任せると、どうしても『部分最適』が横行します。

『全体最適』を進めるには、必ず『犠牲』が伴うからです。」
「全体最適は、トップにしかできないことなのです。」

牛が居眠りをする
イノベーションの原点
既存技術の進化は、イノベーションと言いません。
イノベーションなんて、簡単に言えないのですね。

「ちなみに、ブルドーザーが登場するまでは、ブル（牛）の力で整地していました。それが、新たな機械の登場で牛のすることがなくなり、居眠り（ドーズ）するようになった。そこから『ブルドーザー』と命名されたということです。」

ちなみに、自動車は世に出たとき、ホースレスキャレッジ（馬のいらない馬車）と言われた。

起業という選択

「スーパーベンチャーの創り方―TKP創業者河野貴輝の起業論―」
村上実著　オータパブリケイションズ　2014年

前にも述べましたが、経営者は、「感度」が、資質の上位概念ではないか？

感度は

「これが商売になるんではないか？」

というカンとつかみです。

TKPという会社があります。

貸会議室で急成長を遂げた会社です。創業が2005年、わずか10年足らずで、100億円企業に育ちました。私は、あるセミナーで、河野社長の話を聞き、興味をもって、その場で本を買いました。

私も長年いろいろな企業を見てきましたが、そこそこ成功しても、一気に規模を拡大する会社は少ない、TKPは少ない例の一社ですね。薄い本ですが、中身は、多分起業する人だけでなく、経営者には参考になる話がいっぱい詰まった本です。

アービトラージ

河野社長は、モノの値段は一物一価ではない。ヤフーと楽天のオークションの価格差を利用して儲けた経験から、同一地区の不動産でも価格差があるということに目をつけ、貸会議室を思いつきました。

そう言えば、スター・マイカ(株)創業者の水永政志さんの発想もアービトラージでした。

私は、大前研一さんの「マルチプル経済の空間」と重ね合わせました。レバレッジとアービトラージ、経営者に必須の項目が増えましてね。

付帯サービスが付加価値

貸会議室で、弁当、ケータリングサービス、等付帯サービスを始めますと、その方が利益率がいいということに気づきました。

売り上げの2割が、機材と弁当の売上でした。

●危機の乗り切り方

リーマンショックで、大打撃を受けましたが、売値を3割下げ、仕入れを4割下げて乗り切り、新市場（新しいお客様）を創出し顧客数を逆に増加させました。顧客数の増加は、ビジネスのキモですものね。

●総合的合わせ技の時代

付加価値とは、「あんこを最中にすること」だといいます。小麦だけで売ってはダメ、せめてパンで売れ、こうも言います。

「専門的なことだけをやっているとダンピングに陥りやすい。」

「合わせ技で異業種を取り込んでいき、パッケージとして安くでき、なお且つ利益率は高く設定できる。」

「これからは、業種問わずに合わせ技としての商品やサービスを展開して行く時代になる。」

直営でやるからこそできること。

サービスのばらつきが出ないためにも、融通の利く直営の経営スタイルで進む。

サービス業には特に参考になるのでは？

衰退産業こそ勝機あり

「『ザクとうふ』の哲学」鳥越淳司著　ＰＨＰ研究所　２０１４年

●アートを産業へ

私はしばしば、「衰退業種こそ勝機がある」と言ってきました。

例えば、ユニクロやニトリを見ても、決して尖った業種ではありません。むしろ、アート的、あるいは職人的業種です。それを、ご存じの様に一気に産業化して大企業にしました。

理屈は簡単です。

職人仕事の産業化です。これは、前述したとおりです。

それでも、いざ皆が出来るかと言いますと、誰でも出来るわけではありません。

これは、才能ではありません。

「**大きくする勇気**」です。


相模屋食料（株）は、豆腐業界の革命児です。まさに衰退産業を、産業化し一気に成長した会社です。

私は、2年前、経営雑誌を見て、この会社を知りました。

最初は、ザク豆腐という特徴ある豆腐が有名でしたので、ニッチな会社と思っていたのです。

ところが、売上の伸びにびっくりしました。

なんと6年で売り上げが4倍に伸びているのです。

（平成18─平成24年で32億円の売上が126億円）（現在は170億円）

私自身、大変興味を持ちまして、私の勉強会でしゃべっていただきました。

講演も大変ユニークで面白かったのですが、その時いただいた本も面白い。

その成長の軌跡を描いていますが、

これは、まさに経営の教科書ですね。

まず基本

鳥越さんが、義父の当社を継いだ時が年商30億円でした。

まず取り組んだのは、基本商品で最大のボリュームゾーン（絹と木綿豆腐）の成長戦略です。

そこで、打った手が、機械化の設備投資です。しかも41億円という年商に匹敵する設備投資をしました。


「オートメーション化された巨大なおとうふ工場の建設」です。

「おとうふ屋とおできは大きくなると潰れる」と言われた業界でのいわばバクチでした。


（これはホント、思っても誰にでも出来るものではありません。）

●それからアプリ

基本商品のベースを作ってから、アプリの開発です。
有名になったザクとうふ等今では、次々に差別化商品を出しています。
通常は、まず差別化商品を考えますが、基本の絹と木綿の成長戦略から考えたのは、スゴイ。

「業界では不可能とされていた
『職人さんたちがつくったこだわりのとうふをつくること』と
『それを安定供給すること』とを両立させる仕組みを構築したこと」

が成長の秘密です。

経営者と「時間」

●曜日も強弱あり

私は、駆け出しの頃、

「月曜日と金曜日は違うんだ、ビジネスでは、まったく違うんだ」

と漫然と思っていました。

その時、藤田田さん（日本マクドナルド創業者、故人）の一言、

「月曜日に休む奴は最低だ」

出所は忘れましたが、思わず、膝を打ちました。

「仕事の80％は月曜日に終わらせる！―できる人の『一週間の使い方』完璧マニュアル」
中島孝志著　プレジデント社　2007年

こんな本にも出会い、そうか、

「月曜日に一週間分の8割終わらせる。」

成程。

その為には、週末が勝負なんですけどね。
その中の抜粋です。

「先送り人間から先取り人間に変身する」
「月曜日は午前中が勝負
月曜日はミーティングデー
但し、ダラダラやらない。
ちなみに、生産性の高い会議とは
●決裁権のある人の参加
●その場で決済の会議にする→持ち越さない
●短時間、早朝がいい」
「月曜日に集中、木、金は残業しない。」

私はアバウトですから、
「月曜日に60％終わらせればいいや」

と思っています。

時間は「機会」(チャンス)

「実践版孫子の兵法—勝者を支える最高峰の戦略書」
鈴木博毅著　プレジデント社　2014年

若い時は過ごし方をそんなに意識しなかったのですが、年齢を重ねますと、一番大切なものの一つが時間です。

無駄に過ごしたな？　と思うときなど、とても残念に思います。

若いうちから、その習慣をつけていたらなー？　と。

でも今思っても、時すでに遅しですよね(笑)

時間は「価値」

私は最近まで、「時間の使い方、過ごし方」がとても重要だと思っていました。

これは言わば、

「時間をいかに効率的に使ったか?」

で、時間の効率性の側面です。

でも時間は、違った側面があるということに最近気づきました。ある意味では、もっと重要かもしれません。

それは、

「過ごした時間に『価値』があったかどうか」

ということです。

オーバーに言いますと、

「自分の人生が、劇的に変わる」時間があるんですね。いわば運命の時間です。

始末が悪いのは、後で、アレかと思うことです。その時気づけば、もっと人生がちがってくるかもしれませんね。(笑)

●孫子の「時間術」

周知の様に「孫子の兵法」は、戦争に勝つために書かれた書物です。

ですから、時間活用の捉え方は、劇的な違いがあります。

「孫子の時間術は、自分の外にある『機会』を活かすための技術なのです。」

人生に勝つための、「時間を創っていく」、あるいは、「価値を創造していく時間」があるんですね。

例えば、アスリートは、勝たなければなりません。

その為には時間は、「自分の外にある『機会』を活かすための技術」ですよね。

私たちでも、アスリートの様にビジュアルには見えませんが、度々そんな局面がある筈です。

「時間の価値の変化に備える勝者、無関心な敗者」（同書）

私も、もっと若い時にこのことを知っておけば良かった。（笑）

世に出る人は、時間の使い方が違う～サラーリーマンの勝負は週末にあり

ところで、サラリーマンだって成功者は、時間の使い方が違います。仕事も、勉強も、果ては遊びも……。

キモは、週末の過ごし方ですね。

例えば、作家の黒木亮さんの例を見ていきましょう。（雑誌プレジデント2005年8・29号）

黒木さんは、大手銀行に勤務していました。黒木さんは、サラリーマン時代の週末、土曜日

の夕方から日曜日一杯、毎週、社員寮の図書館に閉じこもって、語学の勉強をしたという経験を書いていました。ちなみに、黒木さんは、英語、ドイツ語、アラビア語、ベトナム語が不自由しないぐらい出来るといいます。推測するに、同僚の誘惑をどのように振り切ったか、相当意志が強い。

「週末をどう使うかで人生は相当変わる」。

私も従業員には、いつもこう言っています。ダラダラ、週末を過ごしたら、あっという間に人生が終わってしまいます。

私も冗談めかして、独身者にどうせ週末家にいても、ろくな過ごし方をしないんだから、それなら週末、仕事の勉強（弊社では税法）をした方がいいと、いい続けておりました。

●「会社の仕事に勉強を混ぜる」

ところが、黒木さんは週末だけでは終わりません。もっと上を行っています。

次に黒木さんが始めたのが、「会社の仕事に勉強を混ぜる」ことだったといいます。

勤め先は、金融機関でしたから、支店の融資担当者だった時、仕事中財務分析の本を読んでいたそうです。

上司からも仕事に関連するので、何も言われなかった。しかも、その勉強の成果で稟議書が群を抜くようになり、上司に一目おかれるようになったといいます。

仕事も勉強もトレードオフ

サラリーマンの時間の過ごし方も、やはりトレードオフなんですね。

黒木さん流に言えば「仕事に勉強を混ぜて」やりなさい。

私の経験でも黒木さんではないですが、エラくなった人は、サラリーマン時代でもどこか違いましたね。

若い頃は、エラくなる人は、志が違うと思っていました。

でも、今は、私は、好きなことだから黒木さんは出来たと思っています。

黒木さんは、勉強も仕事も、そして語学も好きだった。だから、休日も仕事も人と違った。

結果、成功した。

最近では、こんな風に考えています。

ですから経営者は、経営が好きな人、趣味な人でないと務まらない。

あとがきに代えて

私は、拝啓社長殿というメルマガ配信を毎月しています。

テーマを決めて書いておりまして、初回は、私自身のの歴史を書きました。

これは、起業物語として、出版しました。

今度は、私が影響を受けた本をベースにして、「経営書から学んだ経営」を書きました。

私の経営の知識と知恵の多くは、読書からです。

このメルマガを元に加筆修正しまして、今度の出版となった次第です。

紹介した本は、書いてみて改めて認識しましたが、ごく一部だなーと思いました。

「あの定番経営書が出てこない」

「こんな本もあるはず」

そんなご感想もあるかと思いますが、今回は、今考えたい、書き留めておきたい、ストーリーに沿って選書いたしました。

まだ、私のＰＣには膨大な他の本の書籍メモが残っております。

又、何かの機会に紹介できればなーと思っております。

最後に私が最近気をつけていることを書きます。
◆経営者が書いた本は、読むだけでなく講演を聞きに行くこと
↓よく分かりますものね。
◆買った本はすぐ読むこと
↓積読は、未読に終わります。

全部読まなくていいです。時間がなければ、せめて目次でも見ただけでも見ないよりマシです。

まえがきにも書きましたが、ネットで、著者の考えが分かるような時代になりました。

でも、気をつけなければならないのは、紹介の書き手のバイアスが入っていることです。

もしかすると、著者はそんなことを言ってないのかもしれません。

逆に、良書は、買って、ちゃんと読む、経営書も良本と駄本の二極化の時代のような気がします。

私の本はどっちだろ（苦笑）

著者プロフィール

本郷 孔洋（ほんごう よしひろ）
公認会計士・税理士

国内最大規模を誇る税理士法人の理事長。総勢1000名のスタッフを率いる経営者。会計の専門家として会計税務に携わって30余年。各界の経営者・起業家・著名人との交流を持つ。早稲田大学第一政経学部を卒業後、公認会計士となる。東京大学講師、東京理科大学講師、神奈川大学中小企業経営経理研究所客員教授を歴任。

「税務から離れるな、税務にこだわるな」をモットーに、自身の強みである専門知識、執筆力、話術を活かし、税務・経営戦略などの分野で精力的に執筆活動をしている。「経営ノート2015」（東峰書房）ほか著書多数。

経営書から学んだ経営
～顧問先10000社の公認会計士が読んでいる経営書～

2015年7月29日　初版第1刷発行

著者	本郷孔洋
発行者	鏡渕 敬
発行所	株式会社 東峰書房
	〒102-0074 東京都千代田区九段南4-2-12
	電話　03-3261-3136　FAX　03-3261-3185
	http://tohoshobo.info/
装幀・デザイン	小谷中一愛
印刷・製本	株式会社シナノパブリッシングプレス

ISBN 978-4-88592-171-1　C0034